KB166683

성공하는 투자자의 **심리적 특성**

주식
시장의
심리학

조지 C. 셀든 지음 | **이경식** 옮김

발행일 | 2021. 2. 1

발행처 | **Human & Books**
발행인 | 하응백
출판등록 | 2002년 6월 5일 제2002–113호
서울특별시 종로구 삼일대로 457 1409호(경운동, 수운회관)
기획 홍보부 | 02–6327–3535, 편집부 | 02–6327–3537, 팩시밀리 | 02–6327–5353
이메일 | hbooks@empas.com

ISBN 978–89–6078–731–5 03320

성공하는
투자자의
심리적 특성

주식
시장의
심리학

조지 C. 셀든 지음 ㅣ 이경식 옮김

Human & Books

차례

동학 개미들이여, 이번 전쟁에서는 꼭 이기자!

주식투자를 왜 하는가? 이 질문에 대한 답은 아주 간단하다. 바로 돈을 벌기 위해서다. 자신의 이익을 제쳐 두고 기업에 자금을 마련해 주어 경제 발전에 이바지하겠다고 생각하는 사람은 없다. 주식투자를 하다 보면 본의 아니게 그렇게 되는 경우도 있겠지만 말이다.

그렇다면 어떻게 돈을 벌 것인가? 이것 역시 답은 간단하다. 좋은 주식을 쌀 때 사서(저점 매수) 비쌀 때 팔면 된다(고점 매도). 이 간단한 원칙을 모르는 사람도 없다. 하지만 이 간단한 원칙 때문에 수많은 이론이 생겨나고, 애널리스트가 활약하고, 수많은 투자가가 울고 웃는다. 이 원칙에 충실하여 일확천금을 거두어 벼락부자가 되는 사람도 있고, 완전히 파산해 알거지가 되는 사람도 있다. 심지어 삶의 모든 희망을 잃고 극단적인 선택을 하는 사람도 있다.

그렇다면 좋은 주식이란 어떤 것을 말하는가? 삼성전자와 같은 시장 선도주이면서 우량주를 말하는 것일까? 물론 그렇다. 그렇다고 삼성전자와 같은 초우량주를 사기만 하면 돈을 버는가? 물론 그렇지 않다. 삼성전자 주식 매매로 이익을 본 경우도 많지만 개인 중에서는 큰 이익을 내지 못했거나 심지어 손해를 본 사람도 많다.

2020년 초반 삼성전자 주식을 4만 원대 중반에 매수해서 5만 원에 도달하자 10% 정도 이익을 남기고 전량 매도한 개미가 있다. 그 개미는 주가는 내리고 오르는 것이어서 삼성전자 주식도 오르락내리락하리라 생각하고 5만 원을 기준선으로 잡고 사자팔자를 할 생각이었지만 그 이후 삼성전자 주식은

2021년 1월 중순까지 거의 수직 상승했다. 매수 타이밍을 놓쳤던 것이다. 이 개미는 종목은 잘 선택했지만 결국 타이밍이 문제였다고 볼 수 있다.

LG화학 주식을 10년 넘게 보유한 개미가 있었다. 20만 원대 후반에 매수해서 꾸준히 버티고 있다가 2020년 9월 LG화학이 배터리 사업을 LG에너지솔루션으로 분사한다고 발표하자, 분노한 개미들의 분위기에 휩쓸려, 가지고 있는 주식을 60만 원대 초반에 모두 매도했다. 물론 10년 이상 장기 보유하면서 두 배 이상 이익을 보기는 했다. 그 이후 LG화학 주가는 계속 상승세를 타서 2021년 1월 중순 100만 원을 넘어섰다. 10년을 기다려 놓고 몇 달을 참지 못해 더욱 많은 이익을 얻을 기회를 놓쳐버린 것이다. 역시 타이밍이 문제였다.

위의 두 가지 예는 그래도 운이 좋은 경우에 속한다. 최소 돈을 잃지는 않았기 때문이다. 반대로 여러 이유로 원금을 까먹는 경우도 너무나 많다.

좋은 주식(우량주)이 틀림없음에도 불구하고 적절한 매수와 매도 타이밍을 놓치면, 돈을 잃고 만다. 이것은 포커와 같은 원리다. 내가 풀하우스와 같은 높은 패를 잡았어도 상대방이 포카드를 잡았다면 돈을 잃는다. 그것도 상당한 액수를 잃는다. 반대로 원 페어를 잡았어도 돈을 딸 수가 있다. 주식 시장도 마찬가지다. 삼성전자 주식이라고 등락이 없을 리 없다.

이것은 경제적 요인(펀드멘탈)에 의해 발생하기도 하지만, 심리적인 요인에 의해서도 발생한다. 즉 아무리 좋은 주식이라도 매수와 매도의 타이밍이 중요하다는 것이다. 또한 기업이 도산하여 상장이 폐지되는 극한에 가 있는 주식이 아니라면, 문제가 있는 주식이라도 매수와 매도의 타이밍만 적절하다면, 돈을 벌 수 있다.

이런 주식의 경우, 실제 시장에서는 등락폭이 크기 때문에 오히려 더 큰돈을 벌 수 있다. 하지만 이 경우 쪽박을 차게 될 가능성이 훨씬 더 높다. 흔히 말하는 '막차를 탄다'거나 '상투를 잡았다'고 하는 것이 바로 그것이다. 작전 세력의 농간에 의해서건 스스로의 과도한 욕심에 의해서건 문제가 많은 주식을 대량으로 매수했을 때, 이는 파멸로 가는 지름길이 된다.

주식투자를 하는 어떤 사람도 자신이 돈을 잃을 것이라고는 생각하지 않는다. 도박과 마찬가지로 주식투자를 하는 사람은 무엇인가 믿는 구석이 있고, 장밋빛 환상에 젖어 있게 마련이다. 도박하는 사람들에게 물어보라. 그들 중 한 사람도 자신이 돈을 잃을 것이라고는 상상조차 하지 않는다. 그들은 꿈을 잘 꾸어서, 뭔가 육감이 있어서 등등의 갖은 이유를 가져다 대며 반드시 딸 것이라고 굳게 믿는다. 잃는다고 생각한다면 도박을 할 하등의 이유가 없다.

　주식 시장에서도 투자자는 이번에는 자신의 판단과 정보가 최고라고 믿으며(혹은 조언자의 정보를 맹신하며) 주식투자를 한다. 하지만 주식 시장에는 반드시 승자와 패자가 존재한다. 상승장에서도 그렇고, 하락 국면에서도 그렇다. 상승장에서도 우는 사람은 나타나게 마련이며, 반대로 하락장에서도 웃는 사람은 있게 마련이다.

　'소문에 사고 뉴스에 팔아라'라는 주식 격언이 있다. A라는 주식이 있다고 하자. 증권가에서 A사가 신약 개발에 성공했다거나, B가 백 년 간 한국에 가스를 공급할 유전을 발견했다거나, 혹은 C사가 동해안에 수장되어 있는 러시아 보물선을 발견했다거나 하는 소문이 돌 수 있다. 누구나 반신반의할 것이고, 따라서 선뜻 그 주식의 매수를 꺼릴 수 있다.

그런데 그 주식은 연일 상한가를 기록할 수도 있다. 작전 세력이 개입한 것이 아니라면, 이것은 많은 사람들이 그 주식을 매수하고 있다는 이야기이다. (작전 세력이 개입했다고 생각해도 마찬가지 결과지만) 무언가 있구나 싶어, 그때 바로 그 주식을 사서 며칠 가지고 있다가 아무래도 미심쩍어서 팔았다고 하자. 그런데 바로 공시가 나온다. 'A사 신약 개발 사실 무근'. 당연히 주가는 폭락하고 많은 투자자들은 엄청난 손실을 본다. 그런데 그 와중에도 이익을 본 사람은 반드시 있다. 물론 이런 경우는 극단적인 예이겠지만, 주식 시장에서는 이와 비슷한 일들이 수없이 벌어진다.

이런 우스개 이야기가 있다.

철수라는 주식 중개인이 죽어서 염라대왕 앞에 섰다. 염라대왕이 "천국으로 갈래, 지옥으로 갈래?" 하고 물었다. 철수는 지옥으로 가겠다고 답했다. 염라대왕이 모두들 천국에 가고 싶어 안달하는데, 왜 넌 지옥을 원하느냐고 물었더니 철수는 이렇게 대답했다.

"지금 지옥은 활황 장세거든요."

그 말이 나오기 무섭게 철수의 뒤쪽에 있던 수많은 사람이 지옥으로 보내 달라고 아우성쳤고, 마침내 염라대왕까지 밀치고 지옥으로 가 버렸다. 그제야 철수는 느긋하게 천국의 문으로 향했다. 염라대왕이 다시 물었다.

"넌 왜 지옥으로 가지 않느냐?"

철수가 대답했다.

"활황세라고 말한 것은 저 혼자 천국에 가려고 지어낸 말입니다."

그러면서도 철수는 천국의 문으로 향하던 발걸음을 돌려 다시 지옥 쪽으로 향하고 있는 것이 아닌가. 염라대왕이 궁금해서 다시 물었다.

"넌 왜 또 지옥으로 가려고 하느냐?"

철수가 대답했다.

"그래도 다들 가는 거 보니까 뭐가 있긴 있나 봅니다."

우스갯소리지만, 이것이 바로 주식투자의 심리를 명확하게 보여 준다고 할 수 있다. 간단하게 말하면, 주식은 팔 때와 살 때의 타이밍 게임이고, 이 타이밍을 맞추는 것은 타인들과의 심리 게임이다. 말하기는 쉽다. 역발상이 어쩌고저쩌고…….
하지만 그 역발상의 역발상도, 또 그 역발상의 역발상도 가능한 것이고, 이것은 꼬리에 꼬리를 물어 다시 원점으로 회귀할 수도 있다.

결국 주식 시장에서 돈을 버느냐, 돈을 잃느냐 하는 것은 투자자의 심리를 파악하느냐 못하느냐 하는 문제다. 실질적인 예를 들어 보자.

대신증권 우선주 42만 주를 650원에, 동양증권 우선주
8만 주를 930원, 부국증권 우선주 2만 주를 1,200원에

사들였다. 주가는 바닥에서도 조금씩 움직이는데 1997년 3월부터 6월까지 가격이 낮아지면 계속 사들였다.

내가 갖고 있는 3억 원과 신용거래 1억 8천만 원까지 총 4억 8천만 원어치를 샀다. 중간에 주식이 올랐을 때 일부를 처분하여 우선 1억 8천만 원을 갚았다. 1998년 12월 대신증권은 650원에서 1만 2,300원, 동양증권은 930원에서 9,600원, 부국증권은 1,200원에서 1만 300원으로 올랐다. 1998년 11월과 12월, 두 달에 걸쳐 주식을 팔았는데 매도 금액은 평균단가이다. 대신증권의 경우 1만 6,100원에 팔기도 하고 때로는 9,000원에 팔기도 했다.

1998년 12월 이 주식을 팔아 정산해 보니 모두 67억 원이 되었다. 원금 3억 원을 뺀다면 64억 원의 이익이 난 것이다.(『강방천의 가치투자』에서 인용)

이 글은 2020년 겨울 유재석의 〈유 퀴즈 온 더 블록〉에도 출연해 화제를 모았던 에셋플러스 자산운용 강방천 회장의 기록이다. 간단히 말해, IMF 직후 많은 사람들이 증권주를 포기하고 시장을 떠났을 때 증권주를 매수했고, 모두들 '그것이 아니네'라며 시장으로 다시 돌아왔을 때 팔았다는 이야기다.

물론 강방천 회장은 기업의 가치를 중시하는 타입이지만, 그것도 타이밍이 맞아야 한다. 즉 타이밍이란 심리적인 수읽기다. 주식 시장의 격언 중에 '위기는 기회다'라는 말처럼, 강방천 회장은 IMF 환란의 와중에도 대중의 심리를 읽고 역발상으로 성공할 수 있었다.

주식 시장이 계속되는 한 주식투자의 심리학은 변하지 않을 것이고, 주식 시장이 계속되는 한 승리자와 패배자는 늘 존재할 것이다. 또한 패배자는 늘 이야기할 것이다. 운이 없어서, 자본이 적어서, 정보가 불분명해서, 작전 세력에 속아서, 그냥 놔두었더니 증권사에서 제멋대로 사고팔아서, 정부 정책이 잘못되어서, 유가가 급등해서, 전쟁이 일어나서, 남북관계가 경색되어서, 미국의 대통령이 바뀌어서 등등 그 핑계는 끝이 없다. 그들은 현금을 다 잃어버렸기에 핑계가 많다. 앞으로도 영원히 그럴 것이다. 하지만 반대로 성공한 사람들도 있다. 그들은 대개 말이 없다. 현금을 두둑이 갖고 있기 때문이다.

이런 심리 게임에서 승리할 자신이 없는 사람은 주식 시장을 떠나라. 그리고 애초에 주식 시장을 기웃거리지도 마라. 주식 시장에서 개인투자자들은 승리보다 패배할 확률이 훨씬 높다. 여유자금이 있다면 은행에 맡기든지 적립식 펀드를 택하라. 또는 부동산에 투자하라. 하지만 야망이 있고 여유자금이 있다면, 돈이 일을 한다는 자본주의 철학을 믿는다면, 그리고 설사 패배하더라도 잘못을 자기 자신에게 돌릴 수 있고 좌절하지 않을 수 있다면, 한 번 도전해 봄직도 하다.

미국에서 20세기 초에 출판되어 100년이 넘도록 투자자들의 교과서 역할을 한 『Timing the Stock Market』이라는 책에는 투자가가 성공하기 위해 버려야 할 일곱 가지를 제시한다. 그 일곱 가지는 조급성, 두려움, 욕심, 희망, 긍지, 부주의, 도박심리이다. 이 항목들은 모두 심리적 요인들이다. 심리적 요인에 대하여 간단히 설명해 보자.

포커 판에서 한판 크게 땄다고 하자. 그러면 이 사람은 다음 판에 별로 패가 좋지 않더라도 돈을 크게 거는 경향이 높다. 마찬가지로 한판 크게 당했다면 다음 판에서는 위축되어 어지간한 패가 아니라면 죽어 버리는 경우가 많다. 이것은 많이 딴 경우에 본전을 제외한 나머지는 불로소득, 이른바 공짜 돈이라는 생각이 은연중에 깔려 있기 때문에 배팅이 커지는 것이다.

주식 시장에서도 일반 투자자들은 이런 식의 투자를 많이 한다. 단기간에 많은 수익을 올렸을 경우, 본전을 제외한 나머지 수익금을 공짜 돈이라고 생각하고 다음에 무리해 투자하기 쉽다. 즉 한 번 투자해서 수익을 올리면, '나는 성공했다'는 자만심과 함께 '공짜 돈인데(공돈 효과)'라는 생각이 가세하여 무리하게 투자한 결과 딴 돈을 잃고 원금까지 까먹는 경우가 많다.

주사위 놀이를 한다고 하자. 1이 나올 확률은 6분의 1이다. 다음에도 1이 나올 확률은 6분의 1이다. 한 번 땄다고 해서 다음 판에서도 딴다는 보장은 없다. 땄을 때 조심하고 반대로 잃었을 때도 위축되어서는 안 된다. 이것은 전문 투자가들의 경우도 마찬가지다.

모건 스탠리에서 30년간 일한 미국의 전설적인 투자가 마틴 빅스는 『투자전쟁』이라는 책에서 2, 3년간 고수익을 기록한 펀드매니저는 오히려 그 다음 해에 실적이 저조할 수 있음을 지적하고 있다. 반대로 수익률이 낮아 고객을 다 놓친 펀드매니저가 오히려 그 다음에 절치부심하여 더 큰 수익을 올리고 있음을 지적하였다. 이러한 결과는 상당 부분이 심리적 요인에 기인한다고 할 수 있다. 이 외에도 주식 시장에서 심리적 요인이 작용하는 경우는 무수히 많다.

주식 시장의 심리를 알면 타이밍을 알 수 있다. 타이밍을 안다는 것, 그것은 바로 승리자가 된다는 것이다.

이 책은 월가에서 영원한 고전으로 통하고 있는 월스트리트의 전설적인 투자자 조지 C. 셀든이 쓴 아주 얇은 책이다. 하지만 이 책에는 주식투자의 심리학이 고스란히 담겨 있다. 이러한 심리학은 주식 시장이 계속되는 한 영원히 변하지 않는다.
이 책을 읽고 승리자가 되기를 바란다.

　행운을 빈다!

이경식

1장

투기 사이클

주가를 알려면 심리를 알아야 한다

특정 종목의 주가가 단기간에 등락을 반복하는 것은 주로 심리적 요인에 의해 발생한다. 주식 시장에서 잔뼈가 굵은 사람이라면 이런 상황을 누구보다 잘 알고 있다. 이런 주가 등락은 다양한 대중 심리에 의해 발생한다. 보다 엄밀하게 말하면, 현재 주식 시장에 관심을 가지고 있는 다수 대중의 다양한 정신적인 태도에서 비롯된다.

이런 주가 등락은 제반 경제적 기초 요소들(펀디멘탈), 즉 주식 시장에서 실제로 여러 측면에서 일어나는 변화나 상장 회사들이 가지고 있는 수익 창출 능력의 변화로 인해 나타날 수 있다. 실제로도 흔히 그렇게 나타난다. 하지만 그렇지 않을 가능성도 있다.

여러 달 혹은 여러 해에 걸친 시장의 움직임은 분명히 늘 경제적·금융적인 조건에 따라서 결정된다. 하지만 **단기간의 주가 등락은 대중의 심리 상태가 수시로 변함으로써 나타나는 결과이다.** 이 결과는 펀디멘탈의 변화가 초래한 결과와 우연히 일치할 수도 있고 그렇지 않을 수도 있다.

심리적인 요인이 일일 주가 변동에 얼마나 큰 영향을 미치는지 확인하려면, 증권가 주변의 카페에서 전문 거래자들이 나누는 대화를 단 한 번만 들어 보면 된다. 한 사람이 다른 사람에게 이렇게 묻는다.

"글쎄 자네가 알고 있는 게 뭔데?"

이 질문에 상대방은 이렇게 대답한다.

"철강 선물先物을 환매했네. 지금 엄청나게 몰리고 있어. 누구나 다 공매도^{空賣渡}(short selling, 해당 주식을 보유하지 않은 채 매도 주문을 내는 기법. 이렇게 없는 주식이나 채권을 판 후 결제일 안에 주식이나 채권을 구해 매입자에게 돌려주면 된다. 약세 시장이 예상되는 경우에 시세 차익을 노리는 투자 방식이다. — 역주)로 나선 것 같단 말일세."

"내가 만나 본 사람들도 모두 자네처럼 말하더군. 다들 주가가 오르지 않는다고 보고 공매도로 나선다면서 선물을 되사더란 말이지. 그러니까 이제는 이게 추세로 변했다 이거야. 이게 추세로 자리를 잡았으니까, 내 생각에는 이제 다시 공매도로 돌아서야 할 때가 아닌가 싶어."

이런 식의 반대 추론은 끝없이 계속 이어질 수 있다. 신경을 바짝 곤두세운 이 심리의 곡예사들은 끊임없이 반대의 반대를 향해서 움직인다. 이들에게 궁극적인 정착지는 없다. 계속해서 대중이 가지고 있는 태도의 반대편에 서려고 한다.

사는 사람의 심리, 파는 사람의 심리

위에서 사례로 든 두 사람의 대화에서 확인할 수 있는 핵심은, 주식 시장에서 매도 포지션에 서는 사람과 매수 포지션에 서는 사람의 심리 상태는 근본적으로 다르다는 것이다(투자자는 매도 아니면 매수 두 가지로 자신의 투자 입장을 설정하는데, 이것이 포지션이다. ― 역주). 두 사람이 기본적으로 관심을 기울이는 대상은 시장에 관련된 사람들이 어떤 심리적인 태도를 취하는가 하는 점이다.

만일 주식을 거래하는 사람들 대부분이 매수 포지션에 서서 장기 보유 태도를 취하고 있다고 하자. 이들 가운데 많은 사람들이 주가가 조금이라도 흔들리는 기색이 보이면 서둘러서 주식을 팔 것이고 곧바로 주가는 내려갈 것이다. 반대로 대다수가 매도 포지션에 설 경우 주가가 조금이라고 힘을 받는 기색이 있으면 곧바로 매수 포지션으로 돌아설 것이고 이에 따라서 주가는 오를 것이다.

투자, 특히 투기적인 투자의 심리적인 측면은 두 가지 관점에서 살펴볼 수 있다. 하나는, 수시로 변하는 대중의 심리적인 태도가 주가에 어떤 영향을 미치는가 하는 점이다. 다시 말해서, 심리적인 요인에 의해 영향을 받는 시장의 특성이 무엇이냐는 것이다.

또 하나의 관점은, 주식을 거래하는 개개인의 심리적인 태도는 과연 그가 성공할 가능성에 어떤 영향을 미치는가 하는 것이다. 다시 말하면, 개개인이 가지고 있는 희망과 공포 혹은 대담함과 소심함이, 즉 심리적인 요인이 그에게 성공으로 가는 길 위에 놓인 장애물들을 얼마나 그리고 어떻게 극복하게 하여 돈을 벌게 해주는가 하는 것이다.

개인과 시장에 미치는 이러한 심리적 요인의 두 가지 측면은 서로 긴밀하게 엮여 있어서 따로 떼어 놓고 생각하기가 불가능할 정도이다. 먼저 투자 심리학이라는 큰 그림의 주제를 먼저 살펴본 다음에, 주식 시장이 개인투자자에게 어떤 영향을 미치는지, 반대로 개인투자자가 주식 시장에 어떤 영향을 미치는지를 각각 살펴보도록 하자.

반복되는 투기 사이클

우선 투기 사이클을 간략하게 살펴보자. 투기 사이클은 해마다 끝없이 반복된다. 반복되는 양상은 무한히 다양하지만 근본적으로는 동일하다. 날마다 이루어지는 주식 거래나 세상의 모든 투기 시장에서도 이런 사정은 마찬가지다. 사는 사람과 파는 사람의 경합에 의해 가격이 영원히 고정될 때까지(물론 이런 일은 일어나지 않는다.), 다시 말해 인간이 이익을 추구하고 손해를 두려워하는 한, 투기 사이클, 즉 일정 기간을 두고 주가의 등락은 영원히 반복된다.

이제부터 주식의 등락에 대한 사이클을 자세히 살펴보자. 먼저 상승장세부터!

상승장세의 투기 사이클

시장이 불황이고 매도 포지션에 서서 수익을 낼 수 있는 가능성이 있는 상황에서, 거의 감지할 수 없을 정도의 미미한 수준으로 가격이 다시 오르기 시작하는 상황에 직면했다고 하자. 이런 반등을 몰고 온 특별한 요인을 콕 찍어서 말하라고 하면 딱히 그럴 만한 것이 없다.

그래서 사람들은 일반적으로 일부 전문 거래자들의 매매로 인한 일시적인 현상이라고만 생각한다. 물론 이 과정에서 매도 포지션에 섰던 사람들은 이익을 본다. 주가 등락이 활발하게 일어나는 투기적인 종목에서는 이런 종류의 이익이 끊임없이 발생한다. 주가가 오르내림에 따라서 누구든 이익을 보는 사람은 항상 나타나는 것이다.

현재 사이클에서 대규모 투기 현상은 거의 나타나지 않기 때문에 아주 적게 오른 가격에 기꺼이 주식을 내다 팔려고 하는 사람은 거의 없다. 따라서 이런 정도의 반등에서는 대규모 이익 실현이 나타나지 않는다. 상대적으로 그 수가 적은 전문 거래자들은 현재 상황에서 사소한 주가 변동이라 하더라도 현재로서는 기대할 수 있는 최상의 상황이며, 따라서 이익이 조금이라도 확보되면 곧바로 이익을 실현하는 것이 최상의 방법이라고 생각하고 그 기회를 노린다. 즉 주가가 조금만 올라도 주식을 매도하여 이익을 실현하는 것이다.

그리고 얼마 뒤에 한차례 주가가 오르기 시작한다. 눈에 띄게 두드러진 움직임은 아니지만 그래도 상승 규모가 처음의 세 배가량은 된다. 약삭빠른 일부 거래자들은 매수 포지션으로 돌아서지만 대중은 여전히 움직이지 않는다. 그리고 잠자고 있는 대부분의 이익은 여전히 실현되지 않는 상태로 남아 있다.

가격이 점차 오름세를 보이다가 마침내 급격하게 치솟는다. 일부 투자자들이 추격 매수에 나선다. 장세가 활황으로 돌아섰다는 사실이 공공연하게 확인되면서 추가로 많은 거래자들이 매수 포지션에 선다. 대중은 주가가 상당한 기간 동안 상승할 것이라는 사실을 깨닫고 장차 한바탕 광풍이 불지 모른다고 예측하기 시작한다. 하지만 당장 매수에 나서지는 않고, 주가가 꺾이는 상황이 분명히 있을 것이고 그때 가서 주식을 사들이겠다고 생각한다.

하지만 정말 이상하게도 주가가 꺾이는 상황은 좀처럼 일어나지 않는다. 그런 상황을 기다리던 사람들은 주식을 사들일 적절한 시점을 잡지 못한다. 이러는 사이에 주가는 더욱 가파르게 올라간다. 그런데 가끔 이런 상승세가 멈출 때가 있다. 하지만 실제로 주가가 꺾이면, 대중들은 이미 상투 꼭대기가 아닌가 하고 생각한다. 그리고 다시 주가가 오를 때는 종종 그 속도가 너무 빨라서 기다리던 사람은 시기를 놓쳐 버리고 만다.

그러다가 마침내 강력한 불황 장세가 이어질 것이라는 전망이 나오기 시작한다. 시장은 들끓는다. 그리고 주가 추이에 눈을 떼지 않고 있던 사람들은 언제라도 주가가 최고점에 도달하고 곧바로 추락할 수 있다고 생각한다. 하지만 아무리 불황을 전망하는 믿음이 강하다 해도, 그의 신경 체계는 계속되는 주가 상승에 항복하고 만다.

이 시점에서 일반 투자자들은 시장이 너무 강해서 주가가 쉽게 꺾이지 않을 것이며, 이 시점에서 유일한 행동 방향은 닥치는 대로 사들이는 것이라고 결론을 내린다. 이렇게 되면서 다시 한차례의 주식 매입의 파도가 일고, 그 결과 주가는 다시 새로운 최고치를 갱신한다. 이 결과를 놓고 주식을 사들인 사람들은 자기들이 손쉽고 재빠르게 수익을 거두었다는 사실을 자랑스럽게 여긴다.

누군가 주식을 사는 사람이 있으면 분명 주식을 판 사람도 존재한다. 정확하게 말하면, 100주의 주식이 매수되었다면 100주의 주식의 매도된 과정도 분명히 존재한다. 일반적으로 이런 시장 국면에서 주식을 사는 사람의 수는 주식을 파는 사람의 수에 비해서 훨씬 많다. 주가 상승 국면의 초기에는 시장에 나오는 주식의 양은 적고 또 여러 군데에서 분산되어 나온다. 하지만 이 상승 국면이 한동안 이어진 다음에는 주식을 가지고 있는 사람들 가운데 보다 많은 사람이 주가 상승에 만족하고 이익을 실현하기 위해 시장에 주식을 내놓는다.

하지만 이때 주식을 파는 사람은 주식을 대규모로 가지고 있는 사람이 아니다. 주식을 대규모로 가지고 있는 사람들은 보통 판단이 정확하거나 정보원천을 다양하게 확보하고 있기 때문이다. (그렇기 때문에 많은 돈을 번 것이기도 하다.) 정확한 판단이나 고급 정보를 가지고 있기 때문에 이들은 주가 상승의 초기 단계에는 주식을 팔지 않는다. 주식을 가지고 있는 편이 오히려 큰 수익을 거둘 수 있기 때문이다.

주가가 얼마나 오를지는 현상 뒤에 숨어 있는 여러 조건들에 달려 있다. **이자율이 낮고 기업 활동이 활발하다면 활황 국면은 보다 길고 계속적으로 이어지지만, 은행 대출이 쉽지 않고 거래 활동이 위축되는 상황은 주가 상승의 발목을 붙잡는다.** 만일 제반 경제적 여건이 좋지 않다면 주가 상승도 멈출 것이다. 그러나 진정한 활황 시장에서는 팔려고 내놓은 주식이 넘칠 때까지 주가 상승은 계속 이어진다. 사실, 팔려고 내놓은 주식이 넘친다는 것은 주가가 지나치게 높게 책정되어 있다는 것을 의미한다.

어떤 점에서 보면 주식 시장은 투자자끼리 서로 싸움을 벌이는 경연장이다. 모든 투자자는 기본적으로 수익률을 중시한다. 때문에 주가가 올라가면 어떤 투자자는 자기가 목표로 삼았던 수익률을 달성하는 시점에서 주식을 팔아 이익을 실현한다. 그리고 그 주식은 장세를 낙관하는 투자자들의 손에서 손으로 넘어간다. 이때 거래량은 마치 눈덩이처럼 점점 불어난다.

그런데 모든 사람들이 다 주식을 사들이는 것처럼 보이는 때가 온다. 주가는 혼란에 빠진다. 마지막 남은 매도 포지션에 있던 투자자의 간담을 서늘하게 할 정도로 주가가 뛰어오른다. 하지만 주가를 떠받치는 힘은 아무도 모르는 사이에 서서히 빠져나간다. 그럼에도 불구하고 어떤 한 종목에서, 마치 모래톱에 처박힌 외륜선(옆에 물바퀴를 단 증기선. — 역주)의 바퀴가 모래를 뒤집어 놓는 것처럼 격렬한 움직임이 다시 한차례 지나간다.

이 순간 마치 누군가를 주식 시장에서 털어 내기라도 하듯 주가가 갑자기 한바탕 크게 떨어진다. 그리고 주가는 다시 회복된다. 모든 사람이 행복하지만, 매도 포지션에 있는 사람들은 불만스러워하고 뿐만 아니라 다른 사람들의 웃음거리가 되어 버린다.

그런데 정말 신기하게도 주식은 새로 주식 시장에 들어오는 모든 사람들에게 돌아갈 만큼 충분히 많은 것처럼 보인다. 그리고 이처럼 새로 시장에 들어온 사람들은 주식 가격의 전체 평균이 아주 느린 속도로 상승하고 있다는 사실을 깨닫는다. 주식을 가지고 있는 투자자 대부분은 자기들이 내놓는 주식을 시장이 충분히 흡수할 수 있음을 깨닫고는 주식을 내놓는다. 그리고 언제나 그렇듯이 이 주식들은 다시 또 어디론가 흘러 들어간다. 큰손들이 주식을 완전히 털어 버리는 일은 거의 없다. 이들은 주가가 오르면 상대적으로 많은 주식을 가지고 있고, 주가가 내리면 상대적으로 적은 주식을 가지고 있을 뿐이다. 게다가 공급 부족이라는 위험한 사태가 빚어지기 훨씬 이전에 신주가 발행된다.

하락장세의 투기 사이클

주식 시장에 일반 대중의 관심이 쏠려서 한차례 주식 거래량이 큰 폭으로 증가할 때, 불과 사나흘 혹은 일주일 사이에 엄청난 금액의 수익이 실현된다. 하지만 투기 규모가 크지 않을 경우, 주가는 최고치 부근에서 여러 주 혹은 여러 달 동안 계속 유지된다. 그러나 큰손들이 동시다발적으로 주식을 내놓는 순간이 오고 마침내 주가의 균형이 무너지면서 시장은 하락장세로 이어진다.

대형 투자자들이라고 해서 언제나 실패를 피해 가지는 못한다. 이들은 흔히 너무 일찍 주식을 팔아 치우는 바람에 아쉬운 마음으로 주가 상승을 지켜보거나, 혹은 주식을 팔아야 할 시점을 놓치는 바람에 주식을 모두 처분하고 손을 털기까지 상당한 손해를 본다.

무거운 짐을 벗고 난 뒤에 주가가 하락하는 것은 이전에 상승할 때보다 더 빠르게 전개된다. 여기저기 떠도는 공급 물량은 투자자들의 손을 계속해서 거친다. 물론 그때마다 더 떨어진 가격으로 거래된다. 때로 이 주식들이 어떤 고집불통 투자자의 손에 일시적으로 오래 머물러 있을 수 있다. 그 바람에 주가가 일시적으로 잠시 반등할 수도 있다. 하지만 주식의 무거운 짐이 여전히 시장에 남아 있는 한, 주가는 계속해서 떨어질 수밖에 없다.

투자자들이나 투기적인 큰손들이 다시 시장에 들어올 때까지는 투기 성향을 가진 평범한 사람들이 장세를 낙관하며 주식의 무거운 짐을 계속해서 끌어올린다. 월스트리트에서도 이런 유동적인 주식 공급의 양을 줄일 방법은 없다. 활황장에서는 장기 매매뿐만 아니라 단기 매매도 더욱 늘어난다. 단기 매매든 장기 매매든 상관없이 어쨌거나 파는 사람이 있으면 당연히 사는 사람도 있게 마련이기 때문이다. 갑작스럽게 시세가 폭락할 때는 환매가 끊임없이 이어진다.

　　하지만 대부분의 경우에 사람들은 시세가 높건 낮건 상관하지 않고 기회가 주어지는 대로 계속 투자한다. 평균적으로 볼 때 단기 수익은 주가가 낮을 때가 오히려 크다. 그러나 주가가 하락하는 기간 동안에, 최종적인 바닥 수준보다 수익이 더 많이 나오는 지점들이 있을 수도 있다.

　　이 주가 하락 기간은 이전의 주가 상승 때와 마찬가지로 펀더멘탈, 즉 제반 경제적 여건에 따라 달라진다. 자금 압박이 심하고 향후 경제 전망이 어두울 때에 비해서 경제적인 모든 여건이 좋을 때, 투자자나 투기 자본이 주식 시장에 들어오는 발걸음은 훨씬 가볍고 또 쉽다. 주식을 사는 사람들은 보통 '염가 할인 판매'가 있기 전까지는 나타나지 않는다. 이 '염가 할인 판매'란 손절매(주가가 떨어질 때 손해를 보더라도 팔아서 추가 하락에 따른 손실을 피하는 기법. — 역주)라는 방식을 통해 주식이 무거운 짐을 벗어던지는 것을 말한다. 플로어 트레이더(미국의 증권거래소 회원업자의 일종을 말하는 것으로 거래소 안에서 자기 매매만을 한다. — 역주)는 이 기회를 놓치지 않는다. 그리고 주가의 일제 하락 현상이 나타난다.

싸게 살 수 있는 주식이 널려 있을 때, 약삭빠른 거래자들은 이 주식들을 줍느라 정신이 없다. 이 거래자들 가운데는 소규모로 하는 사람도 있고 대규모로 하는 사람들도 있지만, 대부분 대규모로 하거나 혹은 곧 그렇게 나갈 사람들이다. 하강 국면에서는 수많은 투자자들이 최후 저지선으로 한계치를 설정해 놓지만, 주가의 급격한 하락으로 이 한계치 역시 금방 무너지고 만다. 이렇게 해서 그들이 산 주식은 사라지고 만다. 이 주식은 다음번 상승 국면에서나 다시 나타날 것이다.

추가 하락을 예상하는 공매도 주문이 계속 나오지만 주가의 급격한 하락을 더 이상 막지 못한다. '염가 할인 판매'의 결말은 대형 단기 수익이며, 이로 인해서 일시적인 주가 반등이 나타나지만 가격 하락을 내다보는 사람들이 훨씬 더 많음으로 인해서 가격은 다시 주저앉아 무기력한 상태에서 벗어나지 못한다. 이 상태는 바로 투기 사이클이 처음 시작되었던 바로 그 단계이다.

주가는 희망과 공포의 교차점에서 결정된다

이상에서 정리한 현상들이 일어나는 기간은 경우에 따라 일주일이 될 수도 있고 한 달이 될 수도 있고 혹은 일 년이 될 수도 있지만, 기본적인 과정은 본질적으로 동일하다. 대형 사이클 안에는 여러 개의 작은 사이클이 진행된다. 그리고 이 작은 사이클 속에는 또다시 이보다 더 작은 사이클들이 진행된다. 그중 가장 작은 사이클에 투자자들은 참가하지 않는다. 그러나 작은 사이클의 등락을 이끄는 힘은 기본적으로, 비록 파악해 내기가 쉽지는 않지만 큰 사이클의 등락을 이끄는 힘과 동일하다.

이상에서 정리한 내용이 실제로는 사람들이 가지고 있는 희망과 공포 사이의 긴장 및 변주와 본질적으로 동일하다는 사실을 독자는 금방 알아차렸을 것이다. 희망과 공포 사이의 이러한 관계는 곧 시장의 여러 조건들에 대한 정교한 판단에서 비롯되는 것이 아니라, 시장에서 각자가 자리 잡고 있는 위치에서 발생한 심리적인 태도에서 비롯된다.

따라서 이것은 또 대중이 상상력을 동원해서 현재 상황을 미래에 투사한 것이라고도 할 수 있다. 사실은 이 미래가 전적으로 예측 불가능하다고는 할 수 없음에도 불구하고 말이다.

주가에 영향을 미치는 제반 경제 기초적 요소들은 이 책의 관심사가 아니다. 이 책에서 다룰 내용은 주식 투자에서 나타나는 이런 심리적인 요소들이 어떤 이유로 해서 발생하며, 또 그 결과가 무엇인지 추적하는 것이다.

2장

**천장에서 팔지 말고
바닥에서 사지 마라**

투자한 돈이 말한다

보통 사람이라면 대부분의 사람들이 생각하는 것을 거슬러 반대 입장에 서기 힘들다. 이런 경향은 특히 주식 시장에서 명확히 나타난다. 왜냐하면, 주가는 결국 장기적으로 볼 때 사람들의 일반적인 생각, 즉 여론에 의해 결정된다는 사실을 우리는 이미 잘 알기 때문이다. 하지만 여기에서 우리는 결정적으로 중요한 사실을 놓친다.

주식 시장에서 나타나는 어떤 결과는 주식 시장에 참여한 사람의 수가 아니라 주식 시장에 투자된 돈의 규모에 따라 비롯된다는 것이 바로 그 결정적인 사실이다. 백만 달러를 주무르는 한 명이 각자 1,000달러를 투자한 500명의 합보다 두 배나 큰 결정권을 행사한다는 뜻이다. 투자한 금액이 바로 주식 시장을 움직이는 원동력이다. 사람이 몇 명이냐 혹은 얼마나 많은 사람이 참가하느냐는 전혀 중요하지 않다.

많은 사람들이 천장에서 팔고 바닥에서 사는 것도 바로 이런 이유에서이다. 다수의 소액 투자자들은 필연적으로 주가가 천장에 있을 때 주식을 계속 보유하며 주가가 바닥을 칠 때는 주식을 팔고 시장을 떠난다. 주가가 천장에 있을 때 주식을 계속 보유한다는 것은 여유자금이 있어서 그 자금으로 주식을 사들인다는 것을 의미한다.

다시 백만 달러를 가지고 있는 사람의 사례를 들어 보자. 이 사람은 아무 말이 없다. 이 사람이 말할 필요가 있었을 때는 이미 과거다. 지금은 그가 투자한 돈이 말한다. 하지만 1,000달러씩 가지고 있는 1,000명의 사람들은 입을 다물지 않는다. 마지막 순간까지 끊임없이 말한다.

이상의 추론에 기초할 때 우리는 다음과 같은 결론을 얻을 수 있다. 주식과 주가에 대해서 이러쿵저러쿵 말 많은 대부분의 사람들이 선택하는 방향은 잘될 가능성보다 잘못될 가능성이 더 높다. 최소한 주가가 투기적으로 오르내리는 한 더욱 확실히 그렇다. 이것은 '대중의 여론을 조작하는 주체'에 대한 찬사가 아니다. 하지만 어쨌거나 경험이 많은 투자자들이라면 이것이 틀린 말이 아니라는 데 동의할 것이다. 언론 매체들은 수많은 대중의 생각을 일반적인 방식으로 대변한다. 그리고 주식시장에서 대중은 일반적인 추론에 입각하여, 주가가 높을 때 주식을 보유하려 하고 주가가 낮을 때 주식을 팔려고 한다.

이런 말이 있다. 사람들은 보통 자기가 하는 사업이나 투자는 낙관적으로 바라보지만 다른 사람들이 하는 일은 잘되지 않을 것이라 전망한다고. 마찬가지로 전문 거래자들도 이렇게 생각한다. 그래서 위에서 요약한 추론의 결과에 따르면, 전문 거래자들은 자기 이외의 다른 사람들은 모두 잘못된 선택을 하지

만 자신이 하는 시황 분석은 늘 정확하다고 믿는다. 이런 과정
은 거의 습관적으로 이루어진다. 그는 성공적으로 투자한다고
믿을 수 있는 소수 투자자들의 견해를 중시한다. 하지만 이 소
수를 제외한 나머지 사람들로부터 활황 장세를 기대하는 의견
을 많이 들으면 들을수록, 그는 활황 장세가 전개되리라는 가
능성을 보다 낮게 전망한다.

　모순적인 논리다. 이유를 규명하면 이 모순적인 논리를 쉽
게 이해할 수 있지만, 이것이 진리일 가능성 때문에 전문 거래
자들은 특이한 유형의 회의주의에 사로잡힌다. 즉, 이들은 명
백한 사실조차도 믿으려 하지 않고 주식 시장과 관련된 거의
모든 문제들을 반대로만 판단하려 드는 것이다.

　기본적인 성향이 논리적이지 않은 사람일 경우 흔히 이런
반대 추론에 입각해서 황당하기 짝이 없는 결론을 내리고 이
결론에 입각해서 자기가 선택한 전략을 밀어붙인다. 가격이 도
무지 이해할 수 없을 정도로 비정상적으로 오르내리는 것이 바
로 이렇게 해서 나타나는 결과이다(이것은 주가 조작의 결과일

가능성이 높다.).

호재가 있음에도 주가가 내려가는 이유

예로 어떤 거래자가 다음과 같은 가정하에 출발한다고 하자.

'시장의 주가는 오르고 소액 투자자들은 모두 장세를 낙관하고 있다. 누군가 자신이 보유하고 있던 주식을 이 소액 투자자들에게 팔았던 것이 분명하다. 당연히 큰손들은 자기가 보유한 주식을 팔았을 것이고 어쩌면 다가올 불황 장세를 이미 대비하고 있을지 모른다.'

이런 가정하에서 활황 장세 전망을 강력하게 뒷받침하는 어떤 뉴스가 보도되었을 때, 다시 말해서 시장의 국면을 중대하게 바꿀 수 있는 뉴스가 보도될 때, 이 거래자는 이렇게 말할 것이다.

"그래, 바로 이거야! 이게 있었기 때문에 시장이 달아오른 거야! 지난번 상승장에서는 이 요인이 반영되지 않았다가 이번에 제대로 반영된 거야!"

아니면 이렇게 말을 할 수도 있다.

"이제 슬슬 팔아 치우고 싶으니까 이런 뉴스를 띄운다 이거지?"

그래서 이 사람은 자신이 보유하고 있던 주식을 팔아 치운다.

이 사람의 추론은 옳을 수도 있고 그렇지 않을 수도 있다. 하지만 어쨌거나 이 사람이나 이 사람과 비슷하게 추론한 사람들이 주식을 팖으로써, 분명 호재 뉴스임에도 불구하고 뉴스 보도 직후에 주가는 일시적으로 내려갈 수 있다. 문외한이 보기에는 분명 호재가 발표되었는데 곧바로 주가가 내리는 현상을 이해할 수 없을 것이다. 그래서 그는 이런 생각을 한다.

"흠, 작전 세력이 떴군."

이런 현상은 보다 확장되어 나타나기도 한다. 예를 들어서 전문 거래자들은 어떤 종목의 주가가 올랐을 때 작전 세력에 의해 주가가 조작되고 부풀려졌다고 바라보기도 하고, 불황장세를 전망하는 보고서가 나왔을 때 투자자의 투자금을 자기에게 끌어들이려고 의도적으로 그런 보고서를 유포하는 집단이 있다고 바라보기도 한다. 즉, 이런 사람들은 뉴스의 정보를 정반대로 해석하여 투자 판단의 자료로 삼는다.

주식 거래를 하는 사람이 금융과 관련된 기본적인 사항에 대해서 많이 알지 못할수록 이런 터무니없는 결론에 빠지는 경우가 많다. 만일 전반적인 상황에 대하여 확실히 파악하고 있다고 자신할 경우, 이 거래자는 좋은 소식을 액면 그대로 받아들이고 단기 매매의 근거로 활용할 수 있다. 그리고 또 만일 이 거래자가 시장의 금융 상황과 관련해서 기본적인 조건들이 좋지 않다는 것을 알고 있다면, 그는 좋지 않은 뉴스가 나왔을 때는 정직하게 매도 포지션으로 들어선다.

구체적으로 좋은 뉴스가 나왔을 때, 매수를 바라보는 사람들은 다음 세 가지 측면으로 생각할 수 있다.

1. 초보자들은 액면 그대로 받아들여 활황 장세가 이어질 것이라 판단한다.
2. 보다 경험이 많은 거래자는 이렇게 말할 것이다. "만일

저들이 정말 주식을 모을 생각이 있다면, 자기 주식 중개인을 통해서 드러내 놓고 매입하지 않고 보다 은밀한 방식으로 매입했을 것이다. 그러므로 저들은 궁극적으로 주식을 매입하고 보유할 의지가 없다고 봐야 한다."

3. 더욱 의심이 많은 거래자라면 한 번 더 꼬아서 판단하고는 이렇게 말할 것이다. "저들이 자기 주식 중개인을 통해서 드러내 놓고 매입하는 것은 다른 투자자들을 헛갈리게 하기 위한 술책이다." 그는 이런 이중 반대 추론을 거쳐서 초보자가 내린 것과 같은 결론을 내린다.

큰손들은 감추지 않는다

소규모 이익을 노리고 거래하는 것으로 알려진 대형 주식 중개인 회사가 공개적으로 주식을 대량으로 매수하거나 매도할 때, 거래자들의 추론은 훨씬 더 복잡해진다. 만일 이 회사가 5만 주를 매수하려고 하면, 다른 거래자들은 기꺼이 자기 주식을 매도한다. 그러면서도 주식 시장의 상황에 대한 견해를 바꾸지 않는다. 그 회사가 다음날 혹은 심지어 한두 시간 뒤에 그 5만 주를 팔려고 내놓을 것임을 알기 때문이다.

이런 이유로 해서 큰손들은 거래를 손쉽게 하고 또 불필요한 의심을 사지 않으려고 흔히 이런 대형 주식 중개인 회사를 통해서 주식을 매수하거나 매도한다. 그렇기 때문에 이런 종류의 대형 거래를 놓고 민감한 주식 거래자들은 매우 정교한 방식으로 자신의 투자 행위를 조율한다.

매수나 매도가 대규모로 진행될 때, 이 반대 추론은 주로 주가가 천장이나 바닥에 있을 때 유용하다. 주가가 상당한 정도로 올라간 뒤에 호재가 여러 개 나타남에도 불구하고 주가가 더 이상 움직이지 않을 때, 이 시장에는 '주식이 가득 차 있다'고 볼 수 있다. 마찬가지로 악재가 여러 개 나타남에도 불구하고 주가가 더 이상 내려가지 않는다면, 이 시장에는 '주식이 없다'고 볼 수 있다.

이 양극단 사이의 어느 지점에 있을 때 큰손들은 자기 포지션을 숨길 이유가 전혀 없다. 그래서 주식을 최소한으로 매입한 뒤부터는 주가를 끌어올리는 선두 주자의 임무를 기꺼이 떠맡으며 사람들에게 자신의 이런 포지션을 알리고자 노력한다. 이 같은 노력은 드디어 주식을 팔 준비가 갖춰질 때까지 계속된다. 그런 다음에 주식을 팔아서 이익을 실현하는 것이다. 마찬가지로, 팔고 싶은 만큼 충분히 팔아 치운 다음에는, 설령 주가의 추가 하락이 몇 달 혹은 일 년 이상 지속된다 하더라도, 현재의 자기 포지션을 감출 이유가 없다.

때로는 상식이 더 유용하다

경험이 없는 투자자가 돈을 버는 것은 상승장에서이다. 경험이 없기 때문에 현상을 액면 그대로 받아들이기 때문에 돈을 번다. 하지만 전문 거래자는 흔히 지나치게 의심하는 바람에 상승장에서 오히려 손해를 보기도 한다.

주식 거래에서 성공하려면 언제 반대 추론을 해야 할지, 그리고 또 언제 포지션을 바꾸어야 할지를 알아야 한다. 이런 시점을 잘 파악하고 있는 사람은 흔히 유연함을 유지하는 본능적인 감각을 가지고 있다. 하지만 초보자에게는 이런 추론은 매우 위험하다. 왜냐하면, 일어날 수 있는 어떤 일에 대해서 언제나 전혀 다른 해석이 가능하기 때문이다.

호재는 첫째 주가 상승의 지표가 될 수도 있고, 둘째 작전 세력들이 자신들의 보유 주식을 팔아 치우려고 기반을 조성하는 작업임을 암시할 수 있다. 악재 역시 시장 상황이 실제로 나빠질 것을 예고하는 것일 수도 있고, 주식을 낮은 가격에 매입하려는 어떤 집단의 농간일 수도 있다.

그러므로 경험이 없는 거래자로서는 매우 위험한 처지에 놓이게 되는 셈이다. 산전수전 다 겪은 전문가의 날카로운 칼에 묻어가려다가 그 칼에 상처를 입을 수 있다. 모든 일과 사건을 각기 반대로 해석할 수 있는 상황에서, 자기 논리를 동원해서 주식 시장의 현재 조건들을 분석하려는 시도가 과연 무슨 도움이 될까?

실제로 어떤 전문가가 명백한 사실을 놓고 액면 그대로 믿지 않는다고 가정해 보자. 하지만 그의 이런 태도가 장기적으로 볼 때 유리하다고만은 볼 수 없다. 객장 의자에 눌러앉아 있는 사람들 가운데는 정신적으로 망가진 애처로운 사람들이 너무나 많이 있다. 이 사람들의 정신 체계는 끊임없는 반대 추론의 아슬아슬한 줄타기 끝에 영구적으로 손상되었기 때문이다. 이들은 무엇을 보든지 간에 늘 '보이지 않는 음모'를 찾아내려고 애쓴다. 이들은 누구의 말도 절대로 액면 그대로 믿지 않는다. 늘 반대 추론만 하다 보니 이들은 때로 착란 상태에 빠지기도 한다.

어쩌면 상식적으로 생각하는 것보다 더 좋은 길은 없을지 모른다. 한쪽으로 치우치지 않은 채 예민한 감수성을 유지하며 복잡하고 어려운 추론을 하지 않는 것이 무엇보다 중요하다. 하지만 여기에 몇 가지 덧붙이자면 다음과 같다.

만일 당신이 현재 주식 시장에서 어떤 포지션을 취하고 있다면, 명백한 사실들을 해석할 때 지나치게 논리의 치밀성을 추구하지 마라. 그러다가 괜히 실패할지 모른다는 불안감만 커진다. 당신이 매도 포지션을 취하든 매수 포지션을 취하든 당신은 편견에서 완전히 벗어난 투자자가 아니다. 따라서 어떤 사건이든 당신이 진작부터 가지고 있던 어떤 의견과 일치하는 방향으로 해석하고자 하는 유혹을 받는다. 하지만 이런 유혹 자체가 실패의 요인이 된다고 볼 수는 없다. 당신은 그저 반대 추론만 하지 않으면 된다.

주가가 한참 동안 오른 뒤에 앞으로도 주가가 계속 더 오를 것이라는 소망을 증명하려고 스스로 논리를 개발하는 따위의 행동은 하지 마라. 주가가 한참 내린 뒤에도 마찬가지다. **주가가 높을 때 호재를 믿지 말고, 주가가 낮을 때 악재를 믿지 마라.**

어떤 뉴스라도 보통 주가가 상당한 정도로 움직이는 방향은 하나뿐이다. 만일 어떤 뉴스가 나오기도 전에 소문이나 기대 심리로 인하여 주가의 움직임이 일어난다면, 정작 그 뉴스가 나오고 나면 주가가 추가로 더 움직일 가능성은 별로 없다. 하지만 만일 주가가 미리 움직이지 않았다면, 그 뉴스가 발표될 때 주가는 반드시 움직인다.

3장

'그 사람들'

'그 사람들'을 두려워 마라

주식 시장에 대해서 아무것도 모르는 사람이 있다고 치자. 이 사람이 주가 변동의 원인으로 어떤 것들이 있는지 정보를 얻으려고 객장 주변을 며칠 동안 어슬렁거렸다. 그렇다면 이 사람이 이 며칠 동안 듣고 본 것 중에서 가장 궁금해할 내용은 무엇일까? 그것은 바로 '그 사람들'이 도대체 누구인가 하는 의문이다.

어디를 가든 '그 사람들'에 관한 이야기가 들린다. 온갖 정보를 다 가지고 있는 것처럼 보이는 주식 중개인들도 '그 사람들'이 다음에 어떤 선택을 할지 초미의 관심사로 추적하며, 또 그 결과를 고객들에게 설명한다.

시세판을 바라보는 사람들은 초보자이건 전문자이건 가리지 않고 모두 '그 사람들'이 철강 종목을 사들이고 있다거나, 아니면 출판 종목을 내다 팔고 있다고 말한다: 혹은 주식 시장의 이러저러한 관련자들이 '그 사람들'이 주가를 올릴 것이라는 혹은 끌어내릴 것이라는 이야기를 들었다는 말을 이 사람에 속삭일 수도 있다. 심지어 매우 신중한 투자자들도 비록 현재의 장세는 하락세이지만 '그 사람들'이 자기가 보유하고 있는 주식을 처분하기 위해서는, 일시적으로 주가를 끌어올릴 수밖에 없을 것이라는 정보를 이 사람에게 제공한다.

이 '그 사람들' 이론은 초보자들뿐만 아니라 승승장구하는 거래자들 사이에서도 확실하게 자리 잡고 있다(물론 초보자들 사이에서 더 확실하게 자리를 잡고 있다.). 이런 현상에 대해 근거를 대라고 주장할 수도 있다. 물론 근거를 대기가 쉽지는 않다. 하지만 실제로 이런 현상이 존재한다는 것만은 누구도

부인할 수 없는 것이 사실이다. '그 사람들'이 신화로만 존재하든 아니면 실제로 존재하든 상관없이 많은 사람들이 '그 사람들' 이론의 관점에 서서 시장을 연구함으로써 짭짤하게 수익을 올리고 있다.

그런데 월스트리트의 다양한 직무 영역에 속해 있는 사람들을 상대로 '그 사람들'이 누구인지 직접 물어 보면, 아마 대답하는 사람마다 내용이 모두 다를 것이다. '모건 사람들'이라고 하는 사람도 있고, '스탠더드 오일 집단'이라고 하는 사람도 있으며, (하지만 이런 견해는 조금만 생각해 봐도 지나치게 포괄적이다.) '거대 은행들'이라고 하는 사람도 있다. 또 '거래소에 몸담고 있는 전문 거래자들'이라고 하는 사람도 있으며, '연합 형태로 협력 관계를 형성하고 있는 기업들'이라고 하는 사람도 있고, '깐깐하게 굴어 좀처럼 실패하지 않는 투자자들'이라고 하는 사람도 있다. 그리고 또 단순히, 매우 적극적이고 활동적인 태도로 주식을 사거나 혹은 팔기 위해서 서로 경쟁하는 거래자들을 지칭한다고 하는 사람도 있다. 이 사람들은 '그 사람들'이 모종의 거래 관계를 통해서 주식의 가격이 결정된다고 믿는다.

실제로 주식 시장에 대해서 결코 만만찮은 지식과 재능을 가지고 있는, 내가 아는 **어떤 사람은 거대한 관련 집단들을 어떤 방식으로든 대표하는 어떤 개인이 뉴욕 주식 시장 전체를 좌지우지한다고 믿는다.**

그러나 그것이 어떤 종류가 되었든 영속적으로 주식 시장을 지배하는 그 어떤 힘을 추적하거나 확인하는 것이 불가능함은 명백한 사실이다. 전 세계의 증권 시장이 하나로 엮여서 움직이기 때문에, 이런 힘이 존재한다면 아마도 세계의 주요 증권 시장들을 모두 지배하는 전 세계적 규모의 거대한 어떤 이익 집단 연합이 바로 그 어떤 강력한 힘일 것이다. 하지만 일반적이고 상식적인 차원에서는 이런 논리를 받아들이기 어렵다.

투기와 투자의 과학은 지나치게 단순화하면 실패할 수밖에 없다. 나는 여태까지 저질러진 수많은 실패도 이렇게 해서 일어났다고 본다. 4원수元數와 미분 방정식 등에 관하여 많은 책을 쓴 전직 수학 교수였던 외교관 A. S. 하디는 한때 수학은 판단력을 배양하지 않기 때문에 정신적인 훈련을 하는 데는 그다지 도움이 되지 않는다고 말했다. 어떤 전제들이 주어지면 수학자들은 이 전제에 기초하여 올바른 결론을 이끌어낼 수 있다. 하지만 실제 현실에서 가장 크게 문제가 되는 것은 결론을 이끌어 내는 것보다 그 결론을 이끌어 내기 위한 전제들을 어떻게 찾아내느냐 하는 것이다.

예를 들면 이렇다. 수학적인 마인드로 시장에 접근하는 사람들은 늘 어떤 법칙(혹은 법칙들)을 찾는다. 즉, 흔히 말하는 '확실한 것'을 찾는다. 이들은 아마도 식료품업이나 목재업에서는 이런 법칙을 찾지 않겠지만, 그래도 발생하는 각각의 상황을 분석하고 분석 결과에 따라서 대응할 것이다.

나는 주식 시장을 순순하게 실천적인 대상으로 바라본다. 과학적인 방법론들은 주식 투자에서 양계업에 이르는 모든 종류의 사업에 적용될 수 있다. 하지만 이것은 주식 시장의 주가 등락을 수학적으로 확실하게 예측하려고 노력하는 것과는 전혀 다르다.

그러므로 '그 사람들'이 누구인지를 놓고 토론할 때, 명백한 현실에다가 어떤 정교한 이론들을 갖다 붙일 생각은 하지 말아야 한다. 명백한 현실은 명백한 현실 그대로 곧이곧대로 받아들여야 한다.

'그 사람들'의 세 가지 측면

'그 사람들'이라는 개념은 세 가지 측면에서 살펴볼 수 있다. 첫째, '그 사람들'은 실제로 주식 거래소에서 주가를 결정하고 또 어떤 종목을 지배하기 위해서 서로 연합하는 일에 직접 관여하는 거래소 직원일 수 있다. 실제로 일반 사람들은 대개 이렇게 생각한다. 혹은 또 개별적으로 시장의 시세를 조작하는 사람들이라고 생각하기도 한다.

거래소 직원들은 가격의 즉각적인 움직임에 중요한 영향력을 행사한다. 예를 들어, 이 사람들이 현재 철강 종목의 매물이 그다지 많지 않다고 판단한다고 치자. 또 가격 하락이 그다지 심각하지 않으며, 또 주식의 아주 소량만 선주문으로 해소된다. 그러면 이 사람들은 시장에서 대변동이 일어나지 않는 한 철강 종목은 그다지 많이 내리지 않을 것이라고 짐작한다. 그리고 당연한 결과이지만, 이들은 철강 종목의 주식을 사들이기 시작한다. 몇백 주짜리 매물이 나오자마다 이들은 남이 손대기 전에 얼른 낚아챈다.

이처럼 시장에서 철강 주식이 나오자마자 빠르게 소화됨으로 해서 철강 주식은 점차 귀해지고, 거래소 직원들은 주가의 상승을 예견하며 장기 보유 전략을 채택한다. 그리고 '가격을 올리기' 시작한다. 이 일은 어렵지 않다. 왜냐하면 당분간 그 주식의 주가가 오르기를 바란다는 점에서 아무도 이견이 없기 때문이다.

예를 들어서 시장에서 팔겠다는 가격이 81달러 25센트이고, 사겠다는 가격이 81달러 10센트라고 치자. 그런데 팔자 100주는 81달러 25센트에 나왔지만 200주는 81달러 75센트에 나와 있다. 얼마나 많은 매도 물량이 81달러 50센트, 혹은 그보다 더 높은 수준에서 팔리기를 기다리고 있을지에 대해서는 거래소 직원들이 확신하고 있는지는 알 수 없다. 하지만 약삭빠르게 추측할 수는 있다. 한 명 혹은 몇 명의 거래자들이 나서서 이 가격 수준에 나온 주식 500주를 사면서 시장의 가격을 81달러 50센트로 올린다. 다른 직원들은 이 가격 수준에서 얼마 되지 않은 이익을 남기며 보유 주식을 팔려고 하지 않는다. 이들은 기다린다.

기다리면서 이들은 가격의 움직임에 따라서 외부에서 주문들이 계속 이어지는지 주시한다. 그리고 만일 상당한 양의 매수 주문이 들어오면 가격을 다시 81달러 60센트, 75센트로 올린다. 그리고 다시 다음날, 혹은 한 시간 뒤에 다시 가격의 변동과 주문의 추이를 지켜본다. 이런 방식으로 가능한 한 모든 기회들을 포착해서 이들은 자기들이 필요로 하는 것보다 많은 양의 주식을 보유하지 않고서도 주가를 2 혹은 3포인트 올린다.

만일 이런 움직임에 가속도가 붙는다면, 철강 종목의 향후 전망에 대한 특별한 변동이 없다 하더라도 10포인트까지는 쉽게 올라간다. 하지만 이 종목에서 대량으로 매도 주문이 나올 경우 기대하던 가격 상승은 물거품이 되고, 거래소 직원들은 적은 이익에 만족하거나 혹은 손해를 보아야 한다.

가격 조작을 위한 연합 혹은 담합은 시장 바깥에 있는 사람들이 대부분 생각하듯이 그렇게 흔하지 않다. 주식 시장에서 연합이 형성되어 성공적으로 작동하려면, 우선 한두 가지가 아닌 어렵고 복잡한 문제들이 선결되어야 한다. 하지만 만일 어떤 종목에서 한정적인 연합이 존재한다면, 이 연합 집단의 시장 활동은 사실상 보다 좁은 범위에서 그리고 그저 공통적인 관심사에서 비롯된 느슨하고 자발적인 연합의 형태로 거래소 직원들이 채택하는 여러 가지 방법론과 동일한 것이다.

다른 것이 있다면 보다 폭넓은 범위에서 그리고 구속력을 가지는 합의하에 진행된다는 점이다. 연합의 개념을 이렇게 본다면, 개별적으로 시세를 조작하려고 하는 개인들은 각기 한 사람으로 이루어진 연합들이라고 할 수 있다.

'그 사람들'은 큰손이다?

'그 사람들'에 대한 두 번째 생각은 이렇다. 여러 개의 중요한 종목들에서 동시에 작전을 펼치는 강력한 자본가들의 연합이라는 것이다. 많은 사람들이 이렇게 생각한다. 하지만 영속적으로 존재하는 그런 연합은 존재하지 않는다는 것을 비록 증명하기는 어렵지만, 오히려 그 자신에게는 유리하다. 그러나 하나의 거대한 연합이 한동안 실질적으로 시장을 지배하고 다른 연합들은 그저 관망하거나 아니면 떡고물을 얻는 데 만족하거나 혹은 그 국면이 해소될 때까지 기다렸던 경우는 실제로 많이 있었다.

'스탠더드 오일 집단'이나 '모건 집단' 등이 과거 여러 차례 단독적으로 시장을 지배했던 일을 독자들은 쉽게 떠올릴 것이다. 현재로서 가장 큰 연합 집단으로는 일반적으로 모건, 스탠더드 오일 그리고 쿤로브를 꼽을 수 있다.

어떤 일시적이고 제한적인 목적을 위해서 이런 연합들 사이에 한정적인 합의가 형성될 수 있다. 각각의 소위 연합들은 자본을 통제한다는 단 하나의 공동 관심사를 가지고서 느슨한 형태로 묶일 수 있다. 이런 조직은 군법회의를 통해서 배신자나 반역자에 대하여 가차 없이 사형을 집행하는 철의 규율을 가진 군대 조직이 아니다. 강제적인 수단이 아니라 합의를 통해서 운영될 뿐이다. 이 조직에서도 물론 배신자는 재정적으로 사형 선고를 받을 수 있다. 그러나 주식 시장에서 누가 배신행위를 했는지 일반적으로 쉽게 알아낼 수 없다. 배신자가 배신행위를 통해서 엄청나게 거대한 규모로 이익을 챙기지 않는 한 배신행위를 제대로 간파할 수 없기 때문이다.

이 두 번째 관점에서 볼 때 '그 사람들'은 시장에서 늘 활동하지는 않는다. 이들은 미래가 어느 정도 확실하게 예측 가능할 때만 작전에 들어간다. 미래가 불확실할 때, 그리고 정치적인 요소나 경제적인 요소들로 혼란스러워 예측이 불가능할 때, 시장에서 선도적인 위치를 차지하고 있는 집단들은 개별적인 거래만 하고 폭넓은 작전은 보다 확실한 근거가 나타나기 전까지는 자제한다.

'그 사람들'은 모든 투자자다?

세 번째, '그 사람들'을 전 세계에 흩어져 있는 온갖 잡다한 개인들을 모두 아우르는, 단순히 일반적인 의미의 투자자라고 볼 수도 있다. 이들은 주식거래소의 가격 등락에 각자 자기 나름대로 영향을 끼치고 기여한다. 이런 의미에서 보자면 '그 사람들'이 존재한다는 사실 그리고 이들이 주가를 결정하는 최종적인 존재라는 사실은 의심할 여지가 없다. 다른 말로 표현하자면, 이 사람들이 증권을 궁극적으로 소비하는 '그 사람들'이라는 말이다. 모든 사람들이 언젠가는 그리고 (직접적이든 간접적이든) 자기가 가지고 있는 주식을 팔려고 계획하는 대상은 바로 '그 사람들'이라는 것이다.

말에게 억지로 물을 먹일 수는 없다

말을 억지로 물가로 끌고 갈 수는 있어도 말에게 강제로 물을 먹일 수는 없다는 말이 있다. 주식 시장에서도 마찬가지다. 독자 혹은 어떤 억만장자가 어떤 주식의 주가를 높일 수는 있다. 하지만 '그 사람들'이 구매력이나 구매 의사를 가지고 있지 않는 한 억지로 '그 사람들'이 그 주식을 사게 할 수는 없다. 그러므로 우리가 가지고 있는 '그 사람들'에 대한 정체를 만족할 만큼 완벽하게 분석할 수 없다.

주식 시장 전체를 아우르는 어떤 작전이 진행되고 있을 때, '그 사람들' 이론은 주식을 살 것인가 혹은 팔 것인가를 결정하는 데 상당한 도움이 된다. 실제로 최근의 활황 장세에서 가장 많이 듣는 말이 바로 이런 것이다.

"네, 가격이 많이 올랐습니다. 하지만 앞으로의 전망이 계속 활황일지는 알 수 없습니다. 그러나 현재 주식은 힘센 사람들의 손에 들어가 있으며, '그 사람들'이 보유 주식을 팔기 위한 시장 조건을 형성하려면 아마도 가격을 더 끌어올릴 것입니다." (일부 투자자들은 이런 노련한 베테랑들의 움직임이 포착되기만 하면 곧바로 보유 주식을 모두 팔아 치운다.) 비슷하게, 불황 장세가 상당 기간 이어지면 누군가 '어려움'을 겪고 있으며 '그 사람들'이 주식을 충분히 매집할 때까지 주가를 계속 떨어뜨릴 것이라는 말이 나돈다.

이 모든 것들은 이 세상에서 가장 잘 속는 존재, '묻지 마 투자자'의 눈에 낀 티끌일 수도 있다. 어쩌면 그럴 가능성이 훨씬 많다. 주식의 가격이 여러 가지 상황이나 조건에 비추어 볼 때 어떤 합리적인 이유나 근거도 없이 터무니없이 높을 때에도 어떤 사람들은 '그 사람들'의 향후 행보를 염두에 두고서 주식을 사들인다. 혹은 최소한 주식을 대규모로 사들이지는 않는다 하더라도 '그 사람들'의 행보가 두려워서 팔아 치우지는 못한다.

하루하루의 거래량을 분석하고 보유하고 있는 주식의 총량 등 시장의 온갖 기술적인 조건들을 분석하는 데 치중하는 사람은, '그 사람들'이 다음에 선택할 것이라고 생각하는 행동을, 자기가 취할 행동을 결정하는 데 매우 중요한 근거로 삼는다. 이 사람은 '그 사람들'을 (앞에서 첫 번째로 규정한 의미인) 거래소 직원들, 연합 그리고 개인 시세 조작자 등으로 생각한다. 이 사람은 시중에 떠도는 뉴스나 소문에 흔들리지 않고 또 시시때때로 변하는 시장 상황에 크게 영향을 받지 않기 때문에 비록 미숙해 보일 수 있지만, 이런 접근을 통해 상당한 도움을 얻는다.

악재가 넘칠 때가 매수 타이밍이다

시장이 가장 약해 보일 때, 악재가 넘쳐 날 때, 그리고 불황의 징후들이 도처에 널려 있을 때가 바로 매수에 나설 때이다. 이는 초보자도 다 아는 사실이다. 그런데 만일 어떤 사람이 최악의 상황을 예상한다고 하자. 몇몇 최악의 악재들이 터져서 전 세계의 주식 시장에서 팔자는 주문만 쏟아지고 사자는 사람은 한 사람도 없는 상황이 전개될지도 모른다고 예상할 때, 그로서는 도저히 주식을 사들일 용기를 내지 못한다. 더 하락할지도 모르기 때문에 심리적으로 불가능한 것이다.

그런데 만일 이 사람이 '그 사람들'이 주가를 떨어뜨릴 마지막 일격을 다하고 이제 곧 주가가 오르기 시작할 것이라고 생각한다면, 용기를 내어 주식을 사들일 수 있다. 그의 판단이 옳을 수도 있고 그를 수도 있다. 하지만 최소한 그는 천장에서 사고 바닥에서 파는 상황은 피하는 셈이다. 하락장에서 사고 상승장에서 팔지 않아도 된다는 것이다.

평균적인 거래자들의 심리에 '그 사람들'이라는 모호한 개념이 자리를 잡는 이유는 '그 사람들'이 주식 시장을 통해서 자신을 드러낼 때만 '그 사람들'과 관련된 문제가 제기되기 때문이다. '그 사람들'이 구체적으로 누구인지에 대해서는 그다지 큰 관심을 가지지 않는다. '그 사람들'이 누구인가 하는 것이 중요한 것이 아니라, '그 사람들'이 어떤 주식을 어떤 시기에 사고 팔 것인가가 주된 관심의 대상인 것이다.

그러나 어떤 상황에 대한 구체적이고 끈질긴 분석은 늘 모호한 일반화보다 낫기 때문에, 주식을 거래하는 사람은 자기 마음속에서 '그 사람들'을 몰아내는 것이 좋다. '그 사람들'이라는 말이 어떤 구체적인 대상을 지칭하지 않는 한 이런 말은 아무런 의미가 없다.

'그 사람들'이 무엇을 할 것인지 그저 감각만으로 예측해서는 절대 시장의 기술적 조건들을 제대로 파악할 수 없다. 시장에 관심을 가지고 이해가 얽혀 있는 모든 사람들이 시장에 대해서 어떤 태도를 취하는지는 절대로 알 수 없다. 그러나 매수와 매도의 배경들이나 여러 계층의 사람들을 자극하는 여러 가지 동기들, 그리고 장기 보유와 단기 매매의 현재적인 의미와 특성들은 거칠게나마 분류할 수 있다.

간단하게 말하면, 설령 기술적인 분석에 입각해서 투자 결정을 내린다 하더라도 시장을 충분히 관찰하고 연구하면 '그 사람들'에 대한 어떤 모습을 마음에 담아 둘 수 있으며, 또 당연히 그렇게 해야 한다는 것이다. 결론적으로 말하자면, '그 사람들'을 지나치게 두려워하지 말아야 하며, 그렇다 하더라도 '그 사람들'의 시장에서의 행보를 늘 예의 주시해야 한다.

4장

현재와 미래를 혼동하지 마라

자기 방식대로 추측하지 마라

경험이 없는 중개인이나 투자자들은 물론이고 심지어 경험이 풍부한 사람들 가운데도 많은 수가 지나간 과거의 일에 끊임없이 매달리는 것이 현실이며, 그렇기에 더욱 놀랍다. 예를 들어서 철도 종목의 순수익이 꾸준하게 큰 폭으로 올랐다고 하자. 초보자들은 이렇게 생각한다.

"수익이 늘어났다는 것은 그만큼 배당이 많아짐을 의미한다. 그러므로 주가는 반드시 오른다. 이 주식을 사야겠다."

하지만 전혀 그렇지 않다. 이렇게 추론해야 옳다.

"주가는 이미 예상 수익 증가분을 반영해서 충분히 올랐다. 이제 어쩌면 다른 요인들에 의해 가격이 조정될 수도 있다. 자, 앞으로 어떻게 될까?"

현재 존재하는 조건이 앞으로도 계속될 것이라는 가정은 인간이라면 어쩌면 당연히 가지게 되는 자동적인 믿음일지도 모른다. 인생을 바라보는 태도도 필연적으로 이런 가정을 전제로 한다.

밀의 가격이 올라가면 농부는 보다 많은 벌이를 예상하며 밀 재배 면적을 늘린다. 반대로 가격이 내리면 재배 면적을 줄인다. 언젠가 한 번은 토마토 재배 농부와 이야기를 나눈 적이 있는데, 이 농부는 방금 말한 이런 전략과 정반대의 전략을 채택해 큰돈을 벌었다고 했다. 다른 농부들과 반대로 가는 것이 옳다고 생각하고 토마토 가격이 낮을 때 재배 면적을 늘렸고, 가격이 높을 때 재배 면적을 줄였던 것이다.

평균적인 사람은 분석적인 태도를 취할 때 축복받지 못한다. 축복은커녕 어쩌면 저주를 받는다고 볼 수도 있다. 우리는 마치 뿌연 유리창을 통해서 건너편을 바라보듯이 어렴풋하게 밖을 바라본다. 우리의 관념들은 늘 모호함으로 둘러싸여 있고, 우리의 추론 능력은 어떤 고정된 틀 안에서만 작동한다. 이 틀을 벗어나기 어렵다. 벗어나려면 고통스러운 과정을 거쳐야 한다. 사실 우리가 드러내는 감정의 표현이나 행동 가운데 많은 것들이 외부의 자극에 자동적으로 반응하여 나타난다.

이것을 증명할 사례는 널려 있다. 아침잠을 깨우는 자명종에 대해서 우리가 느끼는 적대감도 이런 사례로 꼽을 수 있다. 잠자리에 들기 전에 혹시 늦게 일어나서 중요한 약속이나 일을 처리하지 못할까 초조해하면서 자명종이 울릴 시간을 맞추어 놓지만, 정작 자명종이 울어 대면 욕을 하고 투덜거린다.

지하철에서 기차가 지연되면 기다리고 있던 열 명 가운데 아홉 명은 왜 기차가 오지 않나 하고 목을 길게 빼고 기차가 나타날 곳을 걱정스럽게 바라본다. 이때 약속 시간에 늦을지도 몰라서 초조한 사람들은 자기 행위로 인해서 기차가 조금이라도 일찍 나타나는 데 도움이 된다고 믿는 것처럼 최대한 긴장

한다. 사실 기차의 도착 시간은 기다리는 사람의 태도와 아무런 상관이 없는데도 말이다. 일반적으로 우리는 어떤 목적을 달성하기 위해서 분석하거나 계산하는 대신, 전혀 도움이 되지 않는 것에 물리적·정신적인 에너지를 쓸데없이 쏟아 붓는 경향이 있다.

특히 주가와 같은 복잡한 문제에 대해서는 더욱 그렇다. 문제가 어려우면 어려울수록 그리고 그 문제에 대해서 우리가 모르면 모를수록, 우리가 드러내는 비과학적인 태도는 더욱 커진다. 여러 경로를 통해 우리는 온갖 잡다한 정보들을 받아들이고 이를 통해서 현재의 장세가 활황인지 불황인지 결론을 내린다.

우리가 어떤 판단을 내릴 때 현재의 모습을 미래의 모습으로 착각하는 어리석음을 자주 저지른다. 예를 들어, 지나가는 아무 주식 전문가나 붙잡고 주가가 최고점에 도달했다는 논리적인 결론을 내릴 수 있는 때가 언제인지를 물어 보라. 십중팔구는 앞으로도 주가가 더 오를 것을 예상하거나 암시하는 보도가 최고조에 이르렀을 때라고 말할 것이다. 모두가 아직도 주식이 상승 여력이 있다고 말하는 그 순간 사실은 주가는 최고점에 있다고 보면 된다는 말이다.

하지만 나중에 보면 전문가들도 그런 시점에서 여전히 주식을 사들이고 있다. 주가 상승을 예견하거나 암시하는 보도가 최고조에 이른 그 시점에 자동적인 반응으로 주식 매입에 나선다는 말이다. 사실 주가 상승을 예견하거나 암시하는 보도는 현재의 사실에 근거하고 있기 때문에, 미래의 일로 착각해서는 안 된다.

징후를 포착하라

하지만 장차 일어날 사건들은 대부분 그 전에 어떤 징후를 내비친다. 그러므로 주식 시장에서 성공하려면 이 징후를 예의 주시해야 한다. 장차 일어날 어떤 사건을 기대하면서 주가의 움직임을 파악하는 것을 디스카운팅(discounting, 중요성 절감 현상. 나중에 들어오는 정보의 중요성은 처음 들어오는 정보에 비해 가볍게 취급되는 현상으로, 예를 들어 연이어 비슷한 피해 규모의 대지진이 일본에서 일어났다면 처음 지진은 사람들에게 큰 충격으로 받아들여지지만, 뒤의 것은 처음보다는 가벼운 충격으로 사람들에게 받아들여진다. ― 역주) 기법이라고 하는데, 이 디스카운팅 과정은 주의를 기울여서 살펴볼 가치가 있다.

맨 먼저 새겨야 할 사항은 비록 전지전능하다고 생각하는 거대 은행 연합(사실 이것의 실체는 반 이상이 상상 속에서만 존재한다.)이라 하더라도 모든 사건들에 대해서 징후를 찾아내지는 못한다는 점이다. 예견할 수도 없고 따라서 중요성을 절감할 수도 없는 사건의 가장 좋은 사례로 샌프란시스코 지진(1906년 4월 18일 샌프란시스코에서 일어난 리히터 규모 8.25의 대지진. ― 역주)을 들 수 있다. 하지만 예견할 수 없고 또그것의 중요성을 절감할 수 없는 사건이 반드시 '신의 행위 혹은 천재지변'에만 국한되지는 않는다. 전문 투자자들도 세계 곳곳에서 벌어지는 모든 사건의 징후를 기민하게 포착할 수 없는 것이다.

만일 어떤 사건의 영향을 그 사건이 일어나기 전에 느끼지 못한다 하더라도, 그 영향은 문제의 사건이 일어난 뒤에 반드시 나타난다. 디스카운팅과 관련된 논의를 할 때는 주제가 초점을 벗어나지 않도록 반드시 이 사실을 새겨 두어야 한다.

그런데 한편으로는 어떤 사건을 놓고 중요성을 지나치게 평가하는 경우가 종종 있다. 어떤 주식에 대한 배당률이 4퍼센트에서 5퍼센트로 오를 전망이라면, 장세를 훨씬 더 낙관하는 사람은 6퍼센트나 7퍼센트로 오를 것이라는 소문을 퍼뜨린다. 그러다가 실제로는 5퍼센트 인상이라는 발표가 나오면, 발표 내용은 소문에 비해 실망스럽기 때문에 그 결과 주가가 떨어진다.

일반적으로 말해서, 대기업과 연관된 모든 사건들은 실제로 이 사건들이 일어나기 전에 이미 상당한 정도로 중요성이 사전에 감지된다. 장차 일어날 것이 확실한 어떤 사건에 대해서 자본이 수익을 창출하지 못하는 경우는 거의 없다. 즉, 대형 투자자들이나 대기업의 핵심 관계자들은 확실하게 일어날 정보를 가지고 돈을 벌 수 있는 것이다. 설령 그 사건이 일어날 것이라고 미리 알고 있었던 사람이 극소수라고 하더라도 말이다.

하지만 미래의 사업 조건들이 '내부자들'에게 얼마나 알려져 있는가를 놓고 일반인들은 보통 과대평가를 하고 있다. 특히 미국에서는 많은 것들이 수확량과 사람들의 기질 그리고 선도적인 정치가들이 채택하는 정책들에 의존하기 때문에 미래가 어떻게 될지는 매우 복잡한 문제가 된다. 아무리 큰 권력이라 하더라도 미국인들을 물가로 끌고 가 말처럼 '강제로 물을 먹일' 수는 없다. 이들 행위를 제어하는 것은 오히려 감언이설이나 교활하고 완곡한 방법들이다.

게다가 여론은 정보가 보다 빠르게 전파됨으로 해서, 해가 갈수록 점점 더 시장은 변덕스러워지고 있다. 우리보다 앞서 살았던 금융가들은 분명 이렇게 중얼거리고 있을 것이다.

"현재의 자본을 1870년에 가지고 있었더라면……, 그게 아니라면 지금의 여러 조건들이 1870년대의 조건들과 같다면 얼마나 좋을까."

디스카운팅 과정이 언제 완료될지는 보통 모든 각도에서 현재의 조건들을 연구하고 분석함으로써 비로소 깨달을 수 있다. 가장 많은 질문은 '도대체 언제 매도나 매수가 가장 일반적이며 가장 긴급하게 될 것인가?'이다. 예를 들어 이 질문에 대하여 답해 보자.

　　1907년에 배당금을 지불하는 건전한 주식을 사는 가장 안전하고 또 가장 좋은 시기는 은행이 준비금 감소치가 사상 최악이라고 발표한 이후의 월요일이었다(펀디멘탈이 가장 좋지 않다는 판단이 나온 직후가 매수 타이밍이라는 뜻. ― 역주). 당시 은행의 이 발표가 나온 뒤, 월요일 시장은 파산의 압력 속에서 시작되었다. 주가는 전날과 비교하여 몇 포인트 아래에서 시작하였다. 그 뒤로 다시는 유례가 없을 정도로 낮은 가격에 주식이 거래되었다. 그리고 뒤이어 전개된 과정을 간단히 설명하면 이렇다.

　　상황과 조건들이 너무 악화되어서 완전히 파산하는 경우를 제외하고는 더 이상 나빠지려야 나빠질 수 없는 상태까지 도달하는 바람에, 완전히 파산하는 최악의 상황을 막기 위해서 모든 단위들이 힘을 모아야 했고 또 실제로도 그렇게 진행되었다.

1900년에 있었던 대통령 선거에서 브라이언(미국의 정치가. 민주당 후보로 1896년, 1900년, 1908년 세 차례 대통령 선거에 출마하였으나 모두 낙선했다. 동부 자본가들을 견제하고 중서부 농민들의 이익을 대변했다. ― 역주)이 후보로 지명되자 주가는 최저치를 기록했다. 투자자들은 즉각 이렇게 말했다.

"브라이언이 당선될 리가 없어!"

따라서 그의 지명은 일어날 수 있는 최악의 경우였다. 이렇게 해서 정치적인 뉴스가 주식 시장에 가장 크게 부정적인 영향을 미쳤다. 그런데 선거 운동이 진행되면서 그의 낙선이 거의 확실하게 점쳐지면서, 주가는 당시의 전반적인 경제 및 금융 사정이 개선되는 상황과 결합하여 계속 상승했다.

불확실성이 가장 큰 악재다

가장 크게 문제되는 것은 확실히 예견되는 악재가 아니다. 그것보다 더 어려운 상황은 불확실성이다.

몇몇 사례들을 되돌아볼 때, 몇몇 사건이 가져올 경제의 불확실성은 나중에 일어나는 최악의 상황보다 더 우울하게 사람들을 억눌렀음을 확인할 수 있다. 기업가들이 너무도 암울한 나머지 어떤 중요한 계획을 세우고 앞으로 나가기가 두려울 정도의 판결이었던 1904년의 대법원 결정이 이런 사례가 될 수 있다(반독점법에 대한 대법원의 확정 판결. — 역주). 하지만 이 결정에 대해 소위 큰손들은 대법원 결정이 어느 쪽으로 나든 충분히 어렵지 않게 대응할 수 있었다. 즉 그들은 결정이 나자 대응할 수 있었던 것이다.

그들을 어렵게 만든 것은 바로 불확실성이었다. 따라서 대법원 결정은 결론과 상관없이 그 자체만으로 실질적으로 이미 앞서서 영향력을 행사했던 것이다.

그런데 1911년에 있었던 스탠더드 오일이나 아메리칸 타바

코에 대한 대법원의 결정은 이것과 달랐다. 대법원 결정이 나오자 시장은 일시적으로 활기를 띠었다. 불확실성이 제거되었다는 사실이 굉장히 긍정적으로 작용하였던 것이다. 하지만 곧 충격적인 주가 하락이 시작되었다. 왜냐하면 다른 기업에 대한 수사가 있을지도 모른다는 소문이 나돌았고, 그 기업이 정확히 어떤 기업인지 알 수 없었기에 불확실성은 증폭되었다.

주가 하락은 정부가 US스틸을 법정에 세울 것이라는 발표가 나올 때까지 계속되었다. 당시 경제계에서 이후 유례가 없을 것이라 생각한, 이 엄청난 폭풍이 지나자 주가는 곧 오르기 시작했다. US스틸을 속죄양으로 삼아 주식 시장은 불확실성에서 벗어났던 것이다.

보다 일상적으로는, 어떤 사건의 추이가 불확실할 때 시장은 여러 가지 가능성들을 매우 정밀하게 계산한다. 그리고 모든 주식 중개인들은 자기만의 의견을 가지고 있고, 각자의 의견에 확신을 가지고 있으면 이들의 의견은 강력하다. 하지만 도무지 떨쳐 버릴 수 없는 의문들이 여전하다면, 이 의견은 유

보적이다. 반대되는 의견들이 서로를 설득하지 못한 상태로 대치할 때 주가가 움직이지 않거나, 혹은 좁은 범위 안에서 빠르게 널을 뛰거나, 혹은 매입이나 매수 중 어느 한 쪽에 상대적으로 더 많은 무게를 실음으로 해서 상승하거나 하락한다.

물론 이때 염두에 두어야 할 것은 매입자나 매도자의 수가 중요한 것이 아니라 거래총액이 중요하다는 사실이다. 정확하다고 생각하는 고급 정보를 확보한 소수의 큰손들이 이들과 반대 입장을 가지고 있는 수천 명의 개미들보다 더 중요하다는 뜻이다. 실제로 이런 현상은 앞 장篇에서도 설명했듯이 빈번히 나타난다.

개별 투자자의 투자 행위도 일반적으로 주가에 영향을 미친다. 개별 투자자가 어떤 종목의 주가가 낮으며 모든 조건들을 고려할 때 주가가 오를 것이라고 믿는다면, 가능한 모든 능력을 동원해서 주식을 사들일 것이다. 그리고 그의 판단이 맞아떨어져서 주가가 상당한 정도로 오른 뒤 주가를 아래로 끌어당길지도 모르는 요인들이 발생했다고 판단하면, 비록 실제로 주가가 떨어지리라고는 믿지 않는다 하더라도 사들인 주식을 팔아서 위험 부담을 줄이며 이익을 실현하는 것이 현명한 길이라고 생각한다. 나중에 주가가 '충분히 올랐다'고 느끼면 부담 없이 주식을 판다.

그런데 주가가 떨어지지는 않지만 어떤 위험 요인이 나타났다고 생각하면, 장차 닥칠 그 어떤 재앙에 대비하여 주식을 모두 팔아 버린다. 그리고 만일 어떤 투기적인 힘이 현재 주가를 계속 밀어 올리는데 조만간 그 힘이 떨어질 것이라고 판단하면 주식을 매도할 것이다.

하지만 그것은 시장에 큰 영향력을 행사하는 여러 사람들이 가지고 있는 의견을 변용한 것이다. 어떤 거래자가 주식을 처분하는 것이 옳다고 판단하는 상황도, 다른 거래자는 주가에 전혀 영향을 미치지 않거나 혹은 오히려 주가를 끌어올릴 것이라고 판단할 수 있다. 이 경우 이 거래자는 자신의 투자 전략을 고수하며 (다시 말해, 투자 포지션을 계속 유지하며) 나아가 더 많은 주식을 사들일 수도 있다. 전 세계의 다양한 생각과 개성 그리고 정보 등이 뒤섞인 가운데 투자 환경을 일러 주는 진정한 지수라고 할 수 있는 평균적인 주가 수준이 형성된다.

다음에는 무슨 일이 일어날까를 생각하라

이상에서 정리한 추론의 필연적인 결과는 일어날 수 있는 여러 가지 가능성들뿐만 아니라 가장 일어나기 어려운 가능성들까지 모두 시장에 반영된다는 것이다. 또 사회 구성원들로부터 일반적인 관심을 끌기에 충분한 어떤 일이 일어나면, 어떤 사람들은 이 일을 놓고 주가가 상승할 것이라고 해석하고 또 어떤 사람들은 주가가 하락할 것이라고 해석한다. 모든 것들이 이런 대립적인 의견을 불러일으킨다.

예를 들어서 어떤 신문의 칼럼니스트가 '1억 인구를 가진 국가의 경제 활동이 엄청난 사업이 번성할 여건을 만들고 또 이 사업을 유지시킨다'는 취지의 칼럼을 썼다고 하자. 이 칼럼에 자극받은 열혈 낙관주의자들이 주식 매수에 나서리라는 것은 의심할 여지가 없다. 하지만 반면에 배부르고 까다로운 비관주의자는 신문 칼럼의 이런 언급 자체가 낙관적인 장세를 보증해 주는 확실한 뉴스가 없기 때문에 나오는 것이라고 판단하고 보유하고 있는 주식을 팔아 버린다.

멀쩡한 사람의 눈에는 터무니없어 보이는 대부분의 주가 등락을 조장하는 사람들은 지급 능력 이상으로 부채를 짊어진 투자자들이다. 이들은 조그만 변화나 조짐에도 굉장히 민감히 반응한다. 이들에게는 여유가 없기 때문이다. 다른 때 같았으면 아무런 의미도 없다고 생각할 작은 뉴스 하나도 그의 눈에는 엄청나게 중요한 의미를 담고 있는 것으로 비춰질 수 있기 때문에 그들은 자기의 능력 이상으로 많은 주식을 매수한다.

이와 마찬가지로, 장세를 낙관하며 주식을 한껏 사들인 사람도 온두라스와 루마니아 사이에 전쟁이 벌어질 것이라는 터무니없는 이야기를 듣고는, 이 두 나라의 위치를 지도에서 잠시 확인해 볼 여유도 없이 무조건 그 이야기를 믿고 주식을 팔아 치우기 시작한다(온두라스는 중앙아메리카에 있고, 루마니아는 중부 유럽에 위치한다. 이 두 작은 나라가 전쟁할 리는 만무하다. ─ 역주).

터무니없는 근거에 따른 주가 변동의 폭은 늘 크지 않다. 이런 주가 변동은 '나 아닌 다른 사람들'은 어떻게 할까 하는 필

주 식 시 장 의 심 리 학

요 없는, 그리고 과장된 공포에서 비롯된다. 누구든 개인적으로는 온두라스와 루마니아 사이에 벌어질지도 모른다는 전쟁을 두려워하지 않는다. 하지만 장세를 비관적으로 전망하는 사람들에게는 주가 폭락을 노리는 투매의 좋은 계기로 삼을지 누가 알겠는가?

만일 주가가 떨어질 경우에 감당하기 힘들 정도로 많은 주식을 가지고 있다면, 이 공포가 더욱 커질 수밖에 없다. 게다가 설령 주가 폭락을 노리는 사람들이 투매에 나서지 않는다 하더라도, 이런 투매를 두려워하는 사람들이 '나' 외에도 엄청나게 많이 있을 수 있다. 이런 사람들이 주식을 조금씩이라도 털어 내어 부담을 줄이려고 한다면, 이런 움직임이 곧 주가를 떨어뜨리지 않을까?

이런 추론을 충실하게 따르는 전문 거래자는 결국 특정한 사실에 입각해서가 아니라 특정한 사실이 사람들에게 어떤 행동을 자극할 것이라는 믿음에 입각하여 (더 정확하게 말하면, 특정한 사실을 알리는 뉴스가 사람들로 하여금 어떤 행동을 유발할 것이라는 믿음에 입각하여) 투자 행동을 결정한다. 이 전문 거래자들은 모든 촉각을 곤두세우고 주가 시세판에 나타나는 매수와 매도의 맥박을 끊임없이 감지하면서 여차하면 행동으로 옮길 만반의 자세를 갖추고 있기 때문이다.

하지만 다른 사람들이 장차 어떤 투자 행동을 보일 것인가하는 미지의 영역에 마음을 빼앗기다가 결국 길을 잃어버릴 가능성은 비전문가들이 전문가들보다 오히려 적다. '그 사람들' 이론과 마찬가지로 그것은 위험한 영역이다. 이 영역에서는 상식마저 내팽개쳐진다. 결국 비싼 대가를 치르고 나서야 다른사람들이 내가 생각하는 것만큼 바보가 아니라는 교훈을 얻는다. 시장은 적은 가능성이라도 놓치지 않고 변수로 파악하는데, 이 가능성을 파악하고 변수로 계산해서 수익을 올리기는 결코 쉽지 않다.

주식 시장의 다른 현상들과 관련해서 현재와 미래를 혼동하는 이런 오류들을 피해 갈 수 있는 일차적인 지침은 주가의 움직임을 기존의 어떤 법칙으로 옭아매려 하거나 과거의 비슷한사례와 동일시하거나 혹은 각각의 현상들을 따로 떼어서 분석하지 말라는 것이다. **과거 어떤 특정 상황에서 주가가 어떤 식**

으로 움직였다고 해서 현재에 일어나는 그와 비슷한 상황이 과거와 동일한 방향으로 주가를 움직일 것이라고 생각해서는 안 된다. 현재 상황이 아무리 낯익은 요소들로 채워졌다 하더라도 이 상황은 과거와 같지 않다. 전혀 다른 새로운 상황이다.

그리고 이 요소들을 각기 개별적으로 그리고 또 종합적으로 평가하고 판단해야 한다. 아무리 어렵게 보이는 문제라 하더라도 과학적이고 합리적으로 접근하면 얼마든지 해법을 찾아낼 수 있다. 미래를 내다보되, 주식 시장과 우리를 미래로 인도하는 길잡이로만 '현재'를 생각해야 한다. 주가의 극단적인 등락은 뉴스가 매우 명확하며 또 널리 퍼져 있을 때 나타난다. 이런 순간에는 항상 이런 질문을 스스로에게 던져야 한다.

"다음에는 무슨 일이 일어날까?"

5장

개인적인 것과 일반적인 것을 혼동하지 마라

주가는 내가 바라는 대로 움직이지 않는다

앞에서 우리는 활발하게 투자 활동을 하는 거래자가 매도 포지션에 설 것인지 아니면 매수 포지션에 설 것인지를 심각하게 판단하고 결정해야 할 때, 편견에 사로잡히지 않고 균형 감각을 유지하는 것이 중요하며 또 가장 어려운 과제 가운데 하나라는 사실을 확인하였다.

한때 거물 투자자였던 사람이 가격이 하락할 것이라는 장기적인 전망을 가지고 밀이라는 상품을 대상으로 오랫동안 매도 포지션에서 투자를 했다. 그런데 어느 날 이 사람이 갑자기 태도를 바꾸어서 주가가 상승할 것이라고 전망하며 투자 포지션을 바꾸었다. 그리고 주변 사람들에게 밀의 가격이 오를 것이라고 큰 목소리로 떠들어 댔다. 이 사람은 이틀 동안 이 포지션을 유지했지만 가격은 오르지 않았다. 그러자 이 사람은 다시 원래의 투자 전략으로 돌아갔고, 이전보다 훨씬 더 강력하게 밀의 가격이 하락할 것이라고 전망하였다.

어떻게 보면, 이 사람은 시장을 시험하고 자기 자신을 시험했다고 볼 수 있다. 밀의 가격이 하락할 것이라는 자기 입장을 다른 관점에 서서 비판하고 설득할 수 있는지 시험한 셈이다. 하지만 아무리 이렇게 해도 기존의 자기 입장을 되돌리지 못한다는 사실을 확인하고는 기존의 태도에 확신을 가지고 비관적인 태도에서 더욱 공세적으로 투자했던 것이다.

시장에서 주식을 사고팔면서 편견 없이 균형 잡힌 판단력을 유지한다는 것은 매우 어렵다. 특히, 우리의 개인적인 관심사와 직결되어 있는 어떤 것에 대해서 판단하기란 결코 쉬운 일이 아니다. 일반적으로 보면, 우리가 어떤 일을 하고 싶을 때 그 일을 해야 하는 이유는 수없이 많다. 이와 마찬가지로, 하고 싶지 않은 일에 대한 하지 않아야 하는 이유 역시 수없이 많다. 사람들은 대부분 '존재하는 것은 무엇이든 옳다'라는 고대의 궤변을 '내가 원하는 것은 무엇이든 옳다'라는 실용적인 구호로 바꾸어서 사용하고 있다. 유명 인사들 중에도 이 구호를 삶의 지침으로 삼고 있는 듯한 사람들을 어렵지 않게, 그리고 적지 않게 떠올릴 수 있다.

만일 스미스라는 사람과 존스라는 사람이 구두로 어떤 계약을 하고, 이 계약은 나중에 존스에게 매우 유리한 것으로 드러났다고 하자. 스미스는 이렇게 말할 것이다.

"그 계약은 강제력이 거의 없는 것이나 다름없어서 언제든 파기될 수 있는 것이다."

하지만 존스는 이렇게 말할 것이다.

"그 계약은 비록 문서화하지는 않았지만 강제력을 담고 있는 합법적인 것이었다."

탈레랑(프랑스의 정치가이자 외교관. — 역주)은 언어란 사람이 자기 생각을 감추기 위해서 만들어진 것이라고 했다. 이와 비슷하게, 많은 사람들은 논리는 욕망을 합리화하기 위해서 만들어진 것이라고 생각한다.

자기 이익과 욕망의 편을 드는 이런 편견이 어디에서 비롯되고 어디에서 끝이 나는지 설명할 수 있을 만큼 자신을 돌아보는 사람은 거의 없다. 그러려고 노력하는 사람은 물론 더 찾아보기 어렵다. 우리는 어떻게 하면 우리의 판단력이 이기적인 욕심, 즉 주식을 통해 돈을 버는 데 도움이 될 수 있을까 하는 관점에서 판단력을 높이기 위해 애쓴다. 우리가 품고 있는 의문은 '어떤 상황에 대한 사실들을 정확하게 마음에 새기고 있느냐?'가 아니라 '어떻게 하면 무난하게 잘 넘어갈 수 있을까?'이다.

주식을 사고파는 문제에 관련해서는 구렁이 담 넘어가듯이 어물쩍 넘어가는 것은 있을 수 없다. 주식 시장은 냉정해 인정사정 보지 않는다. 아무리 혓바닥으로 궤변을 늘어놓아도 주식 시장은 속지 않는다. 시장은 우리가 어떤 것을 기대하든 전혀 상관하지 않는다. 오로지 시장 논리에 따라서 작동할 뿐이다. 즉, 우리는 다른 사업 영역에서처럼 주식 시장에서 우리의 욕심을 중심에 놓을 수 없다. 오로지 **우리의 욕심을 실재하는 여러 사실들에 맞추어야만 한다.** 이것이 주식 시장의 규칙이다.

시장의 현재 위치를 파악하라

주식 거래에서 대박을 터뜨리려면, **거래자는 우선 시장에서 자신이 택한 투자 전략(즉, 매도 포지션이나 매수 포지션), 이익과 손실, 우리가 주식을 사거나 팔았던 가격과 현재 가격의 차이 등을 머리에서 완전히 비울 필요가 있다. 오로지 시장의 현재 위치만 생각해야 한다.** 주가가 내려가면, 거래자는 이익이 나든 손해가 나든 상관하지 않고 그리고 2년 전에 샀든 2분 전에 샀든 상관하지 않고 냉정하게 그 주식을 팔아야 한다.

하지만 거래자들의 일반적인 모습이 이런 점과 얼마나 동떨어져 있는지는 이들이 나누는 대화의 한 토막만 들어 보아도 알 수 있다. 하지만 많은 사람들은 이런 대화 속에 담긴 핵심적인 문제를 놓치고 만다. 예를 들어서 어떤 중개인은 자기 고객에게 이렇게 말한다.

"고객님의 주식은 현재 5포인트 이익을 냈습니다. 현금화해서 이익을 실현하는 게 좋겠습니다."

시장에 대해서 아무것도 모른다면 그럴 수도 있다. 그러나 시장을 제대로 이해한다면, 이익을 실현할 시기는 상승하는 가격의 움직임이 최고점에 도달했다는 징후를 보일 때이다. 그리고 또 사람들은 이런 말도 자주 한다.

"손해가 나면 손해를 줄이고, 이익이 나면 계속 이익이 나도록 내버려 둬라."

초보자들에게는 지혜를 가르치는 금과옥조의 격언처럼 들릴 수도 있다. 하지만 문제는 어느 지점에서 손해를 줄일 것이며 또 어느 지점까지 계속 이익이 나도록 내버려 둘 것이냐는 것이다. 다른 말로 하면, 시장이 앞으로 어떻게 전개될 것인가 하는 문제이다. 이 질문에 답할 수만 있다면, 이익과 손해는 투자자가 걱정하지 않아도 자신이 스스로 알아서 잘 해나갈 것이다.

예를 들어서 이런 남자가 있다. 이 사람은 유니언 퍼시픽이라는 회사의 주식을 사서 7포인트 상승했을 때가 이익을 실현할 수 있는 최적 수준이며 또 2.5포인트 하락했을 때가 발을 빼야 하는 최적 수준이라고 생각하며, 이 생각대로 투자해서 많은 성공을 거두었다고 한다. 하지만 7이니 2.5니 하는 이런 임의의 수치야말로 어리석음의 극치이다. 이 사람은 자신이 하는 주식 거래를 시장에 맞추려고 하지 않고 시장이 자기 거래에 맞추어지도록 하기 때문이다.

주식 중개인 사무실에서 나누는 대화의 대부분이 주식 거래자의 이익이나 손해와 관련된 것이다. 브라운이라는 사람은 10포인트 이익을 기록했는데 그 주식을 팔지 않고 그냥 내버려두었다. 그러자 그의 현명한 친구는 이렇게 말했다.

"자네 미쳤나? 10포인트라는 이익에도 만족하지 못한단 말인가?"

여기에 대한 대답은 응당 이렇게 되어야 한다. 하지만 이런 대답이 나오는 경우는 거의 드물다.

"당연히 만족하지 못하지. 주가가 계속 오른다고 믿는 한 말이야."

언젠가 이런 말을 들은 적이 있다. 어떤 중개인이 자기 고객에게 한 말이다.

"조금 먹은 데서 만족하고 그냥 빼버리시죠. 안 그러면 나중에 빼도 박도 못 하고 손해를 볼 수도 있으니까 말입니다. 욕심이란 것은 한도 끝도 없지 않습니까?"

이 사람이나 이 사람의 고객이 시장에 대해 잘 알지 못한다면 좋은 전략이라고 할 수 있다. 하지만 조금이라도 합리적이고 과학적이어야 하는 전문가로서는 절대로 그렇게 해서는 안 될 말이다.

누구든 시장에서 어떤 전략을 가지고 투자하고 있기 때문에, 이 사실로 인하여 자신도 모르게 비합리적이고 비과학적인 태도를 가질 수 있음을 알아야 한다. 누군가 이런 말을 했다.

"주식 시장에서 일관된 태도를 취한다는 것은 고집을 꺾지 않는다는 것이다."

강한 의지와 논리적인 지성을 가진 사람이 바람의 방향이 조금만 바뀌어도 얼른 위치를 바꾸는 풍향계처럼 변덕스러운 사람보다 때로는 성과를 덜 낼 수도 있다. 전자는 오로지 변화하는 상황에 대한 관찰과 해석에만 의지할 뿐 개인적인 관심이나 바람은 철저하게 배제하기 때문이다. 이러다 보면 결국에는 강한 의지와 논리적인 지성을 가진 사람이 더 큰 성과를 올리며 성공한다. 자신이 투자한 종목을 보다 냉정한 태도로 철저하게 파악하고 나아가 보다 합리적인 판단을 내릴 수 있기 때문이다.

객관성을 유지하라

어떤 투자 포지션에 자리를 잡은 사람이 단순하게만 생각하다 보면 자신이 기대하는 환상에 휘둘릴 가능성이 높아진다. 이런 사람은 보통 그저 주가가 오른다는 말만 듣고 투자하는 경우가 많다. 주가가 오르면 이들의 눈에 시장은 튼튼해 보인다. 시세 표시기에서 나오는 소식들은 모두 장밋빛이다. 그리고 이들은 더 많은 이익을 기대한다. 5포인트가 오르면 10포인트를 기대하고, 10포인트가 오르면 다시 15포인트, 20포인트를 기대한다.

그러다가 주가가 내려가면 이들은 '주가 조작'이나 주가 폭락을 노리는 투기꾼의 투매가 원인이라고 생각하며 곧 주가가 다시 회복될 것이라고 믿는다. 주가가 떨어질 것을 전망하는 뉴스들도 이들에게는 주가를 떨어뜨리려는 악의적인 장난질로밖에 보이지 않는다. 그러다가 마침내 투자 금액의 상당 부분이 뭉텅이로 떨어져 나가는 아픔을 겪은 뒤에야 이렇게 말한다.

"만일 '그 사람들'이 주가 상승의 상황에서도 이렇게 주가를 떨어뜨릴 수 있다면 이 사람들과 싸워 봐야 무슨 소용이 있단 말인가? 공매도를 홍수처럼 쏟아 내면서 자기들이 원하는 만큼 주가를 떨어뜨릴 수 있는데 말이야, 제길!"

이런 사람들은 경험이 없기 때문에, 혹은 건전한 투자 상식이 없기 때문에, 혹은 두 가지 모두가 원인으로 작용해서 참담

한 실패를 경험한다. 이 사람들이 주식 시장에 끈질기게 남아서 돈을 벌 수 있으려면 상당히 오랜 기간 공부해야 한다. 하지만 이들 대부분은 그때까지 버티지 못한다.

물론 이들보다 훨씬 똑똑한 사람들이 있다. 이들 가운데 많은 수가 투자가라고 불리고, 이들은 투자가라는 이름에 걸맞을 만큼 현명하게 투자한다. 이들은 주식 시장의 자기 포지션 때문에 눈이 머는 오류를 범하지 않고 시중에 떠도는 소문을 포함한 모든 뉴스와 통계 수치들을 중시한다. 이들은 무엇보다 가장 중요한 요소인 주가 변동의 효과에 철저하게 주목한다.

이들은 주식 시장의 상황이 나아질 것을 기대하고 주식을 산다. 기대대로 상황이 나아지고 주가가 오른다. 주가가 내릴 것을 암시하는 뉴스는 나타나지 않고 주가가 오를 것을 암시하고 또 주가를 계속 밀어 올리는 뉴스만 쏟아진다. 이런 상황에서 이들이 주식을 팔 이유는 전혀 없다.

주식을 파는 가장 중요한 판단 근거는 주가가 개선된 상황을 반영할 만큼 충분히 올랐는가 하는 것이다. 그렇기 때문에 이들은 객관적인 관찰자의 자세로 그런 변화가 있는지 냉정하게 관찰한다.

　이런 부류의 투자자들이 주가의 영향에 혼란을 느끼는 주된 이유 가운데 하나는 상승장에서는 거의 예외 없이 꺾이기 직전의 주가가 합리적인 이유로는 설명할 수 없을 정도로 높이 올라가기 때문이다. 투자자들은 주가가 상당히 높은 수준에 도달했다고 생각하는 지점에서 주식을 팔지만, 주가는 이 사람들이 거둔 이익의 두 배 가까이 되는 지점까지 오르기도 한다.

　바로 이런 지점에서 투기에 대한 전문가적인 지식이 필요하다. 만일 투자자가 이런 지식을 가지고 있지 못하고, 또 신뢰할 수 있는 다른 전문가의 충고를 받아들이지 못한다면, 그저 적절한 수준의 이익에 만족한 채 물러나서 최고점이 보장해 줄 수도 있었던 더 많은 이익에 대한 아쉬움을 삭여야 한다. 하지만 투자에 대한 상당한 지식을 가지고 있다면 보다 공격적으로 흐름을 타서 정상적인 상식에만 의존할 때보다 훨씬 많은 이익을 확보할 수 있을 것이다.

그런데 투자에 대한 전문적인 지식도 없는 사람이 개선된 상황을 충분히 반영할 만큼 주가가 높이 오른 뒤에도 주가가 더 오를 것이라는 헛된 기회를 붙잡고 놓지 않을 때 치명적인 실패와 맞닥뜨릴 수밖에 없다.

자신이 만든 '구멍'에 빠지지 마라

투자 행동에 대해 판단할 때, 주식 시장에 자신이 한 투자의 영향에서 완전히 자유로운 사람은 주식 거래자 1,000명 중 단 한 명도 없을 것이다. 이 영향력은 매우 교묘하고 파악하기 어렵게 나타난다. 전문가들이 부닥치는 가장 근본적인 어려움 가운데 하나는 상상력에서 자유로워지는 것이다. 즉, 자신이 어떤 것을 원하고 있기 때문에, 그 원하는 것이 눈에 가장 먼저 그리고 가장 크게 보이는 상황에 빠지지 않는 것이다.

예를 들어서 설명하면 알기 쉬울 것 같다. 주식 시장에서 '구멍'이 나타난다는 것은 시장이 그만큼 약해졌다는 것을 의미한다고, 전문가들은 경험을 통해서 익히 알고 있다. '구멍'은 갑자기 그리고 이유도 분명하지 않은데 팔려고 내놓은 주식이 팔리지 않는 시장 상황을 뜻한다. 활발하게 거래되는 어떤 주식 수백 주가 매물로 나왔는데, 시장 정서가 대체적으로 주가 상승을 기대하며 낙관적임에도 불구하도 이 주식을 사겠다는 사람이 나타나지 않는다. 그러자 주가는 0.5포인트나 1포인트 정도로 아주 조금 떨어진다. 그제야 사겠다는 사람이 나타나고 거래가 성사된다.

활발하게 거래되는 주식의 경우 이런 현상은 이례적이다. 이 주식의 주가가 곧 원래대로 회복된다 하더라도 전문가들은 이 방심할 수 없는 상황을 절대로 놓치지 않는다. 시장이 '매수 초과' 상태로 들어선다는 의미로 받아들이는 것이다.

이제 주식 거래자가 주가가 곧 꺾인다고 계산하고 이런 기대하에 매도 포지션으로 돌아섰다고 하자. 그는 시장이 매수 초과 상태일지도 모른다고 의심하지만 아직 확신하지는 못한다. 이런 상황에서는 주가가 조금이라도 떨어지면, 이 사람은 이런 현상을 '구멍'이라고 파악할 수도 있다. 아마 다른 상황이었다면 이 사람은 이런 현상을 눈치 채지도 못했을 것이고, 눈치 챘다 하더라도 달리 생각했을 것이다. 이런 상황에서 그는 시장의 약세가 보다 강하게 전개되기를 기대하는데, 이 기대감 때문에 그는 자기가 기대하는 것이 실제로는 존재하지 않음에도 불구하고 실제로 존재한다고 믿는 오류에 빠지는 것이다.

이와 마찬가지로, 주가가 큰 폭으로 오른 뒤에 주식이 매물로 빠르게 나타나는 현상을 찾으려 하면 얼마든지 찾을 수 있다. 또 주식을 팔아 치우고 다시 사들이려고 할 때 반락^{反落}이 나타나는 현상을 보고자 하면 이것도 얼마든지 눈에 띈다. 실제로 월스트리트에 떠도는 격언대로, 자신이 팔아 치운 주식을 되사려고 하는 장세 낙관주의자보다 더 장세를 비관적으로 보는 사람은 없다.

군중심리를 역이용하라

시장의 소위 '기술적' 조건들을 공부하다 보면, 서로 상반되는 의미로 해석할 수 있는 상황이 종종 나타난다. 어떤 현상들은 보는 눈에 따라서 서로 다른 두 가지 방식으로 동시에 해석할 수 있다는 말이다. 한 현상이 여러 가지로 해석될 경우에, 시장에 더는 흥미를 느끼지 않는 거래자라면 상황을 보다 분명하게 파악할 수 있을 때까지 물러나 있는 것이 현명하다고 생각하는 경향이 있다.

이 경우에, 매수 포지션에 섰던 사람은 어떤 특정한 상황을 활황이라고 해석하는 한편, 매도 포지션에 섰던 사람은 불황으로 해석한다. 이는 기술적 분석이 사실상 취약하다는 사실을 증명하는 증거이기도 하다. 즉 같은 상황을 두고, 각기 다른 방향으로 해석하는 것이다. 이 중 하나는 옳고 하나는 반드시 틀렸다. 황당하지만, 엄연한 사실이다.

투자 행동에 관한 판단을 내릴 때, 이 판단이 개인적인 요소에 의해 영향을 받는다는 점과 관련해서 '하지 마라'는 말 외에는 건설적이거나 실용적으로 도움이 될 수 있는 말은 거의 없다. 하지만 주식을 거래하는 사람이 스스로 편견을 가지고 있음을 깨달을 때, 그는 한 발자국 전진하는 셈이 된다. 그런 깨달음을 얻었기에, 비록 당시에는 올바른 판단이라고 믿지만 결국에는 탐욕의 강한 충동으로 밝혀지는 함정에 맹목적으로 뛰어들지 않을 수 있다.

주식 시장에 관여하는 사람들이 자주 하는 말이 있다. 대중은 바닥에서도 장세를 비관하고 천장에서도 장세를 낙관하기 때문에, 거꾸로만 한다면 즉 팔고 싶을 때 사고 또 사고 싶을 때 팔기만 하면 대박을 터뜨릴 수 있다는 말이다. 전성기 때의 토머스 로슨(20세기 초의 거부. ─ 역주)도 이렇게 하여 성공하였다.

이처럼 잘못된 방향으로 치닫는 대중의 경향은 예전처럼 그렇게 심하지는 않는 것 같다. 소액 투자자들 가운데서도 많은 사람들이 지능적으로 거래하고 있으며, 뉴욕 증권거래소에서 마치 도박을 하듯이 투기적으로 투자하는 사람들의 수도 많이 줄어들었다. 이런 현상에 대해서 예외적인 한 부류를 제외하고는 모든 사람들이 만족한다. 그 예외는 이전에 이런 일을 했던 중개인들이다.

그럼에도 불구하고, 시장이 가장 튼튼해 보이는 바로 그 순간이 사실은 최고점에서 가까운 지점이며 또 주가가 쉬지도 않고 추락해서 거의 제로 지점까지 떨어진 것처럼 보이는 바로 그 순간이 사실은 최하점에서 가까운 지점이라는 것은 엄연한 사실이다.

투자자들이 이 원칙을 활용하는 **실천적인 방법은 활황 장세가 가장 폭넓게 확산되었다고 보이는 시점에 주식을 팔고, 또 대중이 가장 의욕을 잃은 것처럼 보이는 시점에 주식을 사는 것이다.** 이전에 행한 어떤 투자 행동에서 이익을 얻고자 한다면 이 원칙을 마음 깊이 새기는 일은 특히 중요하다. 이 사람의 최대 관심사는 주가의 현재 경향과 일치하기 때문이다.

한마디로 말하면, 지금 이 책을 읽고 있는, 주식 시장에 관심을 가지고 공부하는 사람이라면 아마도 역발상을 함으로써 이익을 실현할 수 없다 하더라도(설령 이것이 충분히 가능하다고 해도 말이다.), 얼마든지 자기 머릿속에서 편견을 지울 수 있으며 또 주가의 움직임 속에서 나타나는 군중의 심리를 파악할 수 있다.

6장

공황과 벼락 경기

공황은 공포로 인해 발생한다

공황panic과 벼락 경기boom는 둘 다 특히 심리적인 현상으로 발생한다. 물론 그렇다고 해서 경제의 기초적인 요소들이 주가의 급등과 급락에 영향을 미치지 않는다는 말은 아니다. 공황은 여러 가지 조건들이 허용하는 것보다 더 가파르게 주가가 하락하는 현상을 일컫는데, 보통 대중의 흥분된 심리 상태로 인해 발생하며, 뒤이어서 모든 재원들이 고갈된다. 한편 벼락 경기는 지나치게 투기적인 분위기 속에서 주가가 급등하는 것을 일컫는다.

각기 때로 떼어서 살펴볼 필요가 있기는 하지만, 공황과 벼락 경기는 몇 가지 특징들로 서로 연결되어 있다.

공황이 발생할지도 모른다는 공포가 수많은 투자자들의 심리를 얼마나 강하게 압박하는지 확인하면 그저 놀라울 뿐이다. 1907년의 쓰라린 기억 때문에 그때부터 지금까지 투기적인 거래의 양이 상당한 규모로 줄어들었음은 의심할 여지가 없다. 1907년과 비슷한 충격의 공황이 미국을 덮친 사례는 미국의 역사를 통틀어서 몇 차례 되지 않는다. 그리고 이런 공황이 한 달 안에 발생할 확률은 주식을 투자한 회사가 망해서 투자금을 날릴 확률보다 낮다. 하지만 이 공황의 유령은 초보자들이 주식을 살 생각을 할 때마다 공포에 떨게 만든다. 그렇기 때문에 어떤 투자자는 이런 말을 할 수도 있다.

"그렇습니다. 출판 종목은 매우 튼튼해 보입니다. 그렇지만 1907년에 얼마에 팔렸는지 보십시오. 겨우 70이었지 않습니까?"

사람들은 공황에서 주가가 낮은 것은 공포가 갑작스럽게 퍼

졌기 때문이라고 종종 말한다. (이 공포는 빠르게 왔다가 빠르게 사라진다.) 하지만 이것은 사실이 아니다. 어쨌거나 공포라는 요소는 주가가 최고점 가까이 접근했을 때 작동하기 시작한다. 일부 조심스러운 투자자들은 벼락 경기는 조만간에 끝나고 지나친 투기에 대한 반발로 재앙과도 같은 주가 하락이 이어질 것이라며 두려워하기 시작한다. 이런 공포 때문에 이들은 보유하고 있는 주식을 판다.

주가 하락은 일 년 혹은 그 이상 계속 이어질 수 있고, 이 기간 동안에 점점 더 많은 사람들이 불안해하고 또 불편해하면서 보유하고 있는 주식을 모두 현금화한다. 이런 조심성 혹은 공포감은 점점 널리 퍼져 나간다. 그리고 이 정서의 강도는 강약이 반복되는 가운데 점차 커져 간다. 공황은 절대로 어느 날 갑자기 나타나는 현상이 아니다. 오랫동안 축적된 원인들이 있었기에 그 결과로서 나타나는 현상이다.

공황의 실제 최저점은 공포에서 비롯된다기보다 필요에서 비롯되는 경향이 있다. 공포를 느끼고 일찌감치 주식을 팔아 버리는 투자자들은 주가가 최저점에 도달하기 전에 포기한 셈이다. 주가의 최저점은 보통 자금이 바닥나 버린 사람들과 거래할 때 형성된다. 이 사람들 대부분은 졸지에 허를 찔린 사람들이고, 만일 시간이 조금만 더 있어도 주식을 계속 보유하는 데 필요한 자금을 마련할 수도 있었다. 하지만 주식 시장에서 통용되는 다음의 격언이 말하듯이 '시간은 계약의 핵심이다'. 그들에게는 이런 시간적인 여유조차도 마련할 수 없었던 것이다.

유동 자금의 확보가 공황 돌파의 지름길

공황 시기에 발생하는 손해의 중요한 원인은 투자자가 유동 자금을 충분히 확보하지 못했기 때문이다. 자금이 여러 가지 형태로 '꽁꽁 묶여 있기 때문에' 빠르게 현금을 동원하지 못하는 것이다. 아무리 재산이 많아도 당장 동원할 수 있는 자금이 없으면 어쩔 수 없다. 이런 상황에 놓이게 된 원인은 보유 자산으로 보다 많은 것을 이루려고 했기 때문이다. 즉 **탐욕과 조급**

함, 분수에 넘는 계획, 미래에 대한 근거 없는 낙관 등이 구체적인 원인이다.

공황 시기에는 누구나 이제 주가가 내려갈 만큼 충분히 내려갔다고 생각하는 순간에도 주가는 계속 더 내려간다는 사실을 반드시 명심해 둘 필요가 있다. 그 결과, 수많은 투자자들이 주가가 바닥을 쳤다고 생각하고 주식을 매입하지만 그 뒤로도 주식은 끝없이 계속 추락해서 결국 버티지 못하고 그 주식을 다시 팔아야 하는 결과를 맞이한다.

이런 현상은 앞에서 언급한 사실, 즉 주가의 최저점은 여론이 아니라 객관적인 필요성에 따라서 결정된다는 사실 때문에 일어난다. 예를 들어서 1907년 당시에 건전한 상식이 있는 사람이라면 누구나 주식이 실제 가치 이하로 팔린다는 사실을 잘 알았다. 하지만 그 주식을 사고 싶어도 동원할 현금이 없었다.

오랜 불황 장세 속에서 주가가 아무리 낮게 떨어졌다 하더라도, 주가가 낮다는 이유만으로 주식 거래가 다시 활발하게 이루어질 수 없다는 사실을 사람들은 교훈으로 배웠다. 이 상황을 풀어 나갈 열쇠는 '유동 자본의 축적'에 있다. 이런 사실은 당시 은행들이 처했던 조건이 가장 빠르게 증명했다. 시장에서 자금의 유동성이 확보될 때라야 다시 주가는 오르기 시작한다.

어떤 뚜렷한 이유도 없이 주가가 다시 회복된 이유를 따지자면, 공황 시기에 주가 하락의 마지막 단계는 여론도 아니고 공포도 아니었고 객관적인 필요성이 주가를 마지막 단계까지 끌어내렸기 때문이다. 즉 주식을 살 수 있는 자금이 완전히 메말라 버렸기 때문이다. 거래자들은 이렇게 말한다.

"공황은 끝났다. 하지만 지금과 같은 불황 장세의 여러 조건 아래에서는 주가가 오를 수 없다."

하지만 주가는 올라갈 수 있고 또 실제로 올라간다. 왜냐하면 주식은 '파산 세일'로 인해 저평가되었고, 따라서 원래의 자연스런 수준을 회복하기 때문이다.

어쩌면 '공포'라는 단어가 주식 시장의 심리학을 논하는 과정에서 지나치게 남용되었다고도 볼 수 있다. 실제로 공포가 직접적인 요인으로 작용해서 주식을 판 사람들은 극히 소수이다. 주식을 내다 팔도록 유인하기에 충분했던 조심성이나 주가가 더 떨어진다는 확실한 믿음 등이 광범하게 존재했다. 물론 이런 것들은 공포가 변용된 모습들이라고 할 수 있다. 그리고 어쨌거나 주가 하락과 관련해서는 동일한 결과를 초래하였다.

공황 시기의 이런 공포감이나 조심성의 효과는 주식을 파는 것에만 한정되지 않는다. 주식을 사지 못하게 심리적인 압박을 가하기도 하는데, 주식 시장으로 보자면 이것이 더 심각한 문제이다. 주식을 사려는 사람을 붙잡아서 사지 못하게 할 때 이 사람이 느끼는 불안감은 주식을 팔라고 몰아 댈 때보다 결코 작지 않다. 이런 이유로 하여, 공황 상태의 주식 시장에서는 비록 적은 물량이 팔려고 내놔도 이로 인해서 가격은 실제 수요 – 공급의 비율 이상으로 주가는 떨어지고 만다. 팔려고 내놓은 주식의 양은 비록 많지 않아도 사려는 사람이 아무도 없기 때문이다.

공황 이후에 주가가 빠르게 회복되는 것도 바로 이런 요인 때문이다. 기다리던 투자자들은 선뜻 주식 시장에 다시 발을 들여놓지 못하다가, 일단 회복 기미가 보이면 앞을 다투어서 뛰어든다.

빠르게 부자가 되면 빠르게 거지가 된다

벼락 경기는 많은 점에서 공황과 정반대이다. 공황에서 공포가 점차 커져서 마침내 마지막 폭발로 이어지듯이, 확신과 열광이 끝없이 점점 더 큰 규모로 자기 복제를 해서 마침내 수천, 수만 명이 환호성을 지르는 데까지 이어진다. 이 사람들 가운데 많은 수는 상대적으로 젊고 경험도 없는데, 이들은 장기간 계속된 주가 상승 기간 동안에 '큰돈'을 거머쥔다.

주식의 가치로만 존재하는 이 백만장자들은 활황 시장에서는 언제나 떼지어 나타난다. 하지만 이들은 주가가 떨어지기 시작하면 날개를 잃고 주가와 함께 곤두박질친다. 이것은 이 투자자들 잘못이 아니다. 다만, **주가 상승 시기에 그토록 빠르게 부자가 된 것과 마찬가지로 빠르게 거지가 되는 것일 뿐이다.** 신중한 사람만이 활황 시장에서 적절한 이익만 챙겨서 발을 뺀다. 어쩌면 활황 장세에서 가장 이득을 보는 사람은 바로 이런 사람들일지도 모른다.

그런 백만장자 벼락부자들이 많이 나타날 때 물불을 가리지 않는 무모한 사람들이 일시적으로 시장을 장악할 수도 있다. 그러면 무모한 주식 매입이 이어진다. 이런 양상으로 인해서 충분히 올라가 있던 주가가 그보다 더 올라간다. 이는 마치 공황에서 주가가 충분히 떨어졌음이 명확한데도 더 떨어지는 것과 마찬가지 모습이다.

주가가 정상 수준 이상으로 올라가면 공매도가 나타나기 시작한다. 이런 현상은 옳다. 하지만 너무 이르다. 진정한 활황 시장이라면 이 공매도는 거의 언제나 추가로 주가가 오름으로 해서 공매도한 주식을 되사는 환매 현상이 일어난다. 하지만 이런 상황에서 추가로 더 주가가 오른다는 것은 상식적인 기준으로 보면 있을 수 없지만 실제로 일어난다. 이런 현상이 반복되다 보면 어느새 제정신을 가진 정상적인 공매도 투자자들은 안전한 곳으로 숨어 버린다.

활황 장세의 메커니즘

보다 광범위한 영역에 걸친 심리적인 요인들이 작용하고 이 도움을 받아서 활황 시장은 터무니없이 높은 주가를 기록한다. 이런 상황이 나타나면 보통 모든 경제 부문에서 물가가 오르는데, 사업하는 사람의 입장에서는 실제보다 돈을 더 많이 버는 것처럼 느낀다.

이렇게 착각하는 이유가 어디에 있을까? 어떤 식료품 도매상을 예로 들어서 살펴보자. 이 식료품 도매상은 1909년 1월에 1만 달러어치의 창고 물량을 확보하고 있었다. 그리고 이 시기에 브래드스트리트 물가 지수는 8.26이었다. 일 년 뒤인 1910년 1월에 이 물가 지수는 9.23으로 높아졌다. 만일 창고 물량의 목록에 포함된 여러 식료품들의 가격이 이 지수 상승률만큼 상승했다면, 그리고 일 년 전의 재고량을 그대로 유지하고 있다면 창고 물량의 가치를 11,174달러로 계산할 수 있다.

이 도매상은 일 년 동안 별다른 노력 없이 1,174달러를 거저 얻은 셈이 된다. 하지만 이 이익은 겉으로 드러난 것일 뿐 실제로 발생한 이익이 아니다. 1910년 1월의 1,174달러로는 1909년 1월에 1만 달러로 살 수 있었던 것보다 더 많은 것을 살 수 없기 때문이다. 그럼에도 불구하고 이 도매상은 일 년 전보다 부자가 되었다는 착각에 빠진다. 이 착각 때문에 개인 생활에서나 사업에서 그의 씀씀이는 점차 헤퍼진다.

물가가 오름으로 해서 부자가 된 듯한 착각에 빠짐으로써 나타나는 이차적인 결과는 일차적인 결과보다 훨씬 중요하다. 즉, 위의 식료품 도매상이 여분으로 발생했다고 생각하는 소득 1,174달러로 오토바이를 산다고 하자. 이런 행위는 오토바이 산업을 활성화시킨다. 이 사람뿐만 아니라, 다른 수많은 사람들이 여분의 소득이라고 생각하는 돈으로 오토바이를 살 것이기 때문에 오토바이 회사들은 생산 설비를 늘린다. 이렇게 해서 원자재와 부품 소비가 늘어나고 고용도 확대된다. 다른 조건이 같다면 오토바이 산업뿐만 아니라, 다른 산업에서도 이런 현상은 똑같이 일어난다. 그리고 물가는 더욱 올라간다. 결국 식료품 도매상에게는 다시 또 다른 가상의 여분 소득이 발생하는데, 이 소득으로 그는 집을 넓히고 새 가구를 산다.

주식 시장에서는 산업의 확장과 물가 상승이 주가에 반영된다. 하지만 이 모든 것은 심리적인 것이고, 식료품 도매상은 오토바이나 가구를 사면서 들인 돈을 벌충하기 위해서 어떻게든 저축을 해야만 한다.

다시 상승한 주가와 물가는 서로 자극하고 영향을 미친다. 만일 이 식료품 도매상이 1,174달러라는 가상의 수익 이외에도 여러 가지 증권을 가지고 있었는데 이것들의 가격이 10퍼센트 올랐다고 한다면 이 사람은 지출의 범위를 더 늘릴 수 있다. 주가가 10퍼센트 올랐다는 발표가 나오면 아마도 직원을 몇 명 더 뽑고 씀씀이도 더욱 헤퍼질 것이다. 이런 과정을 통해서 확신과 열광은 마치 호수에 던진 돌이 파문을 일으키듯이 더욱 멀리 퍼져 나간다. 그리고 이 모든 것들은 주식 시장에도 충실하게 반영된다.

그 결과는 이렇다. 1902년이나 1906년에 그랬던 것처럼 높은 주가와 열에 들뜬 거래 행위들은 과연 이런 일이 있을 수 있을까 싶을 정도로 거의 대부분 허상 위에서 이루어졌다. 이런 허상은 사람들이 모든 것을 돈으로 측정하며 또 이 돈의 가치가 늘 고정되어 있다고 생각한다는 사실에 직접적이든 간접적이든 뿌리를 두고 있다. 하지만 실제로 돈의 가치는 쇠나 토마토의 가격처럼 고정된 것이 아니다. 사람들은 밀의 화폐 가치를 산정하는 데 너무 익숙해 있어서, 화폐의 밀 가치를 따져 보려고 하면 머리가 아프다.

이런 가공의 현실이 무너지기 시작할 때, 주식 시장이 경제의 지표로 기능하면서 우선 주가가 떨어진다. 하지만 이 와중에도 전체적인 경기는 여전히 활발하게 유지된다. 그렇기 때문에 사람들은 월스트리트에서 농간을 부린다고 떠들어 대며, 여기에 이 악덕 투기꾼들을 지구에서 쓸어 버려야 한다는 여론이 들끓는다. 사실 주식 시장은 주가가 오르지 않을 때 인기를 끈 적은 없다. 하지만 주가 하락은 장기적으로 볼 때 국민 복지에 훨씬 더 많이 기여한다는 점은 의심할 여지가 없다. 왜냐하면, 장차 경제계 전반에 닥칠 재앙의 충격파를 완화하며 또 재앙이 멀지 않았다고 경고함으로써 미리 대비할 수 있게 해주기 때문이다.

그런데 주식 시장에서 벼락 경기의 마지막 시점을 파악하는 것은 공황의 마지막 시점을 파악하는 것보다 일반적으로 더 어렵다. 하지만 원칙은 간단하다. 공황이 끝난 뒤에 주가를 끌어올린 것은 유동 자금이었다. 이와 비슷하게, 벼락 경기에서 주가의 상승에 마침표를 찍는 것은 유동 자산이 바닥을 드러내는 것이다. **유동 자산이 말라 간다는 것은 콜 금리와 정기 대부금의 금리가 오르고 상업 어음의 금리가 점차 오르는 현상에서 확인할 수 있다.**

7장

**충동적인 투자자와
냉정한 투자자**

주식 시장의 두 부류

주식 시장을 자세히 보면 주식을 거래하는 사람들은 두 부류로 나뉘어진다. '충동적인 부류'와 '냉정한 부류'이다.

예를 들어서 충동적인 부류는 이렇게 말한다.

"펀더멘탈로 보거나 기술적인 조건들로 보거나 주가 상승은 확실하게 보장되어 있다. 주식은 사라고 있는 것이다."

그는 이런 결론을 내리고 매입에 나선다. 그는 주가가 바닥을 칠 때 매입하려고 애쓰지도 않고 또 그런 기대를 하지 않는다. 대신에 주가가 더 오를 것이라고 판단이 서면 최고점에서도 기꺼이 주식을 사들인다. 그리고 시장의 조건들이 주가 하락 쪽으로 돌아섰다거나 주가가 주가 상승 요인을 충분히 반영했다고 판단하면, 곧바로 주식을 팔아 치운다.

이에 비해서 냉정한 부류는 주가가 오른다는 이유 하나만으로는 절대로 주식을 사지 않는다. 그는 이렇게 추론한다.

"가격은 시장 조건에 대응해서 혹은 적어도 내 기준으로 볼 때의 시장 조건에 대응해서 빈번히 오르내린다. 내가 현명하게 해야 할 일은 가격이 반대로 움직일 때 이익을 챙기는 것이다."

그러므로 그는 주식을 사야 할 때라고 믿으면 대량으로 매수 주문을 낸다. 그의 생각은 이렇다.

"현재 내가 보기에 주가는 더 오른다. 하지만 나는 점쟁이가 아니다. 전례로 보자면 지금처럼 내가 주식이 오를 것이라고 내다보았음에도 불구하고 3포인트나 떨어졌던 적이 여러 번 있다. 그래서 나는 지금 주가보다 3.5포인트 떨어진 가격으로 매수 주문을 낼 셈이다. 요즘의 투기꾼들은 제정신이 아니다. 산들바람 하나가 이들을 미쳐 날뛰게 만들지 누가 알겠는가. 그럴 경우 주가가 갑작스럽게 몇 포인트 내려가는 것은 일도 아니다."

대부분의 자본가들 사이에 그리고 특히 은행업계에 이런 냉정한 부류들이 압도적으로 많다. 이런 사람들은 시시각각으로 변하는 온갖 종목의 주가들을 한시도 눈을 떼지 않고 바라볼 시간적인 여유도 없고 그럴 기질도 아니다. 이들은 주가의 미세한 변동을 점칠 능력이 자기들에게는 없다고 공공연하게 표명한다. 하지만 그럼에도 불구하고, 이들은 이런 작은 주가 등락이 있을 때 여기에서 이익을 취할 만반의 준비를 갖추고 있다. 자금도 충분히 많이 가지고 있기 때문에 대규모로 매수하거나 매도함으로써 쉽게 이 목적을 달성할 수 있다.

당연한 일이지만 시장은 늘 대규모 주문이 넘쳐 난다. 그리고 이것을 알고 또 이런 주문이 처리되는 방식을 안다는 것은 현재 시장이 기술적인 측면에서 어떤 위치에 있는지 파악하는 데 결정적으로 도움이 된다.

이상에서 서술한 두 부류의 투자자들은 늘 반대 입장에 선다. 충동적인 부류가 행하는 매수나 매도는 주가를 올리기도 하고 내리기도 하려는 의도를 가지고 있지만, 냉정한 부류가 내는 주문들은 그렇지 않다.

예를 들어서 은행권에서 제반 경제적인 요소들로 볼 때 시장이 건실하며 당분간 주가가 오를 것이라고 믿는다고 하자. 그러면 1포인트 아니 0.5포인트 혹은 심지어 0.1포인트만 내려가도 매수 주문을 낸다.

한편 객장에 있는 활동적인 거래소 직원들은 몇몇 일시적인 악재들 때문에 주가가 추가로 더 떨어질 것으로 예상한다. 이들은 대규모 주문이 나와 있다는 것을 알지만 충분히 많은 주식들이 살 사람을 기다리고 있기 때문에 이 주문량을 모두 채우고도 남아서 주가는 떨어진다고 보는 것이다.

이것을 다른 방식으로 표현하면, 시장에 나와 있는 유동 주식이 충분히 많아서 단기 매매자들이 아무리 여러 차례 사고 팔아도 주식은 모자라지 않는다는 것이다. 그렇기 때문에 현재 가격보다 낮은 가격에서 매수 주문을 하는 대규모 주문이 이 유동 주식을 충분히 흡수할 때까지는 주가가 떨어질 수밖에 없다는 것이다.

이런 조건들로 인해서 소위 '반락反落' 현상이 나타난다. 일단 이 과잉 유동 주식들이 자동 대체standing order로 모두 흡수되고 나면, 주가는 다시 오를 채비를 갖추게 된다. 만일 전반적인 흐름이 상승세라면, 주가가 오르는 데 대한 저항은 반락 상황에서보다 훨씬 약할 것이다. 이렇게 해서 주가는 새로운 고점高點을 형성한다. 그리고 이어서 이익을 현실화하려는 매도가 여러 주가 수준에서 소규모로 혹은 대규모로 나타나고, 주가가 오르면 유동 공급은 점차 늘어나서 다시 거대해지고 이에 따라 또 다른 반락이 나타난다.

마지막에는 주가가 어떤 최고점에 도달하고 시장 상황에서 몇몇 변화가 나타난다. 이런 변화로 인해서 대규모 매수 주문은 부분적으로나 혹은 전체적으로 사라지고 대규모 매도 주문이 나온다. 일단 이런 변화가 나타난 뒤에는 상승세가 꺾인다. 이제 상승보다 하락이 대세다. 그러면 이제 위에서 설명했던 것과 반대 상황이 전개되고, 불황 장세가 이어진다.

활황장과 불황장의 판단 기준

일반적으로 보면 주가가 최고점에 도달한 뒤에 상당한 기간 동안 주가가 하락할 때도 대규모 매수 주문은 계속해서 나타난다. 또한 주가가 상승할 때도 이익을 실현하려는 매도 주문은 있다. 이렇게 해서 대략 한 달 동안 주가는 상대적으로 좁은 폭 안에서 계속 오르내리기를 반복한다. 실제로 일반 매수가 일반 매도보다 우세한 이상 이런 현상은 오래 지속되는 경향이 있다.

경험이 많은 투자자는 시장에서 이루어지는 거래들을 눈여겨 지켜보거나 특정 신문들에 나는 기사들을 꼼꼼하게 챙겨 봄으로써 이 대규모 주문들 가운데 중요한 것이 언제 물러나고 또 역전이 되는지 파악하기도 한다.

대규모 매수 주문으로 넘쳐나는 상승장에서는 주가가 떨어지더라도 지지선(주가가 더는 떨어지지 않고 버티는 지점. ― 역주)이 받쳐 준다. 주가가 하락할 것을 예상하고 투자하는 사람들은 소심해서 주가를 적극적으로 끌어내리지 않는다. 이들은 자기 주식을 끊임없이 읽고 있기 때문이다. 그들은 주가가 떨어지는 데도 시장으로 나오는 주식은 조금밖에 없다고 말한다. 그래서 주가가 떨어지는 양상은 매우 조심스럽게 보인다. 그렇기 때문에 보다 낮은 주가에서는 거래량도 감소한다. 그러나 이에 반해서 주가가 오를 때는 거래가 보다 활발하게 이루어진다.

활황장이 끝날 무렵에는 눈에 띄는 변화가 나타난다. 주가가 쉽게 떨어지고 대규모 거래가 떨어진 가격에서 형성된다. 이에 반해 주가가 오르기는 힘겨워 보이고 조금이라도 더 올라가면 곧바로 이익을 실현하려는 매도 주문이 나타난다. 대규모 매수 주문들이 철회되는 현상이 쉽게 눈에 띈다.

불황장에서는 지지선 대신에 저항선(주가가 오르다가 멈춰서는 지점. ― 역주)이 나타난다. 대규모 주문은 주로 주가가 오를 때 사겠다는 주문이다. 그러므로 일반적으로 볼 때 실제로 주가가 오를 때는 이런 대규모 주문이 감소한다. 불황장이 끝날 무렵에는 지지선이 다시 나타나고 저항선은 사라진다. 그래서 주가는 빠르고 급격하게 치솟는다.

사람들은 보통 이 지지선이나 저항선은 주가를 조작하기 때문에 나타난다고 생각한다. 하지만 그것이 아니라, 수백 명의 투자자들이 내는 대규모 주문 때문에 나타난다. 이 투자자들이 가지고 있는 심리적 기질로 볼 때, 이들은 절대로 '충동적인 방식'으로 주식을 사거나 팔지 않는다.

8장

**투자자가 갖추어야 할
심리적인 태도**

상식으로 돌아가자

앞의 여러 장章들을 통해 우리는 주식 시장의 특이한 현상들, 특히 투기와 관련된 현상들의 대부분은 아니더라도 그중 많은 것들이 시장을 둘러싼 심리적 요인에서 비롯된다는 사실을 살펴보았다.

특히 주가가 불규칙하게 등락을 반복하는 이유로 가장 중요하게 꼽을 수 있다. (심리적 요인은 나머지 다른 요인들을 모두 합한 것보다 더 중요하다.) 그것은 주식을 거래하는 사람들이 실제 존재하는 사실들에 근거하지 않고, 또 이 사실들이 주가에 어떤 영향을 얼마나 끼치는가 하는 문제에 대한 판단에도 근거하지 않고, 오로지 **사실이나 소문이 다른 거래자들의 심리에 어떤 영향을 어떻게 끼칠 것인가 하는 문제에 대한 판단에 입각해서 거래를 한다는 점이다.** 이런 심리적 태도 때문에 온갖 추측들이 난무하게 되는데, 이 추측들은 명백한 사실이나 상식의 범위를 훨씬 뛰어넘어 터무니없는 수준으로 확대된다.

그러나 다른 사람들의 투자 행동을 예측하고 이 예측 결과를 근거로 하여 투자 포지션을 결정하는 것이 어리석다고만은 할 수 없다. 하지만 초보자들로서는 혼란스러울 뿐이다. 초보자들이 이런 방식으로 투자 결정을 할 경우 재앙을 맞이할 확률은 거의 백 퍼센트이다. 하지만 경험이 많은 사람들에게는 매우 유용한 도구가 된다. 물론 아무리 그래 봐야 확실한 방법이 될 수 없다는 한계가 분명 있다. 어린아이가 날카로운 칼을 처음 다룰 때 잘못해서 상처를 입을 가능성은 매우 높다. 하지만 똑같은 칼이라 하더라도 요리사나 조각가의 손에 들어가면 안전하고도 멋진 도구가 되지 않는가.

그렇다면 똑똑한 투자자의 심리적인 태도는 어떤 것이어야 할까?

현금으로 주식을 사서 많은 수익을 올리려고 하는 장기 투자자는 자기와 반대되는 대중의 정서에 헷갈리거나 스스로 엉뚱한 추론을 하여 혼란에 빠지지 않기 위해서 이런 심리적인 문제를 충분히 고려해야 한다. 이 사람은 객관적인 사실과 주가라는 두 가지 점만 응시하여 최상의 결과를 얻을 수 있다. **현재의 금리, 보유하고 있는 주식의 회사가 수익을 낼 수 있는 능력, 투자금에 영향을 미치는 정치적인 요인들의 추이, 그리고 이들 세 가지 요인과 현재 주가의 상관관계 등이 그의 투자 심리에는 최상의 영양 공급원이 된다.**

어느 순간 문득 자신이 '그 사람들'이 다음에 무엇을 할 것인지, 혹은 이러저러한 사건들이 투기꾼들에게 어떤 영향을 주어서 어떤 행동을 하게 할지 골몰하며 헤매고 있다는 사실을 깨달으면 곧바로 정신을 차리고 자신에게 이렇게 경고해야 한다.

"상식으로 돌아가자."

하지만 보다 적극적인 거래자라면 이야기는 달라진다. 물론 제반 경제적 요소나 시장의 조건들을 완전히 무시해서는 안 된다. 하지만 그의 기본적인 목표는 시황의 흐름을 따라가는 것이다. 다시 말해서, 상당 부분 다른 사람들이 생각하고 행동하는 것을 근거로 하여 투자 결정을 해야 한다는 것이다. 자기만의 심리적 태도는 성공을 거두기 위해서는 반드시 갖추어야 할 매우 중요한 소양이다. 투자자의 소양은 무엇일까.

시장의 순리를 따르라

투자자는 반드시 이성을 가진 낙관주의자가 되어야 한다. 주가 움직임의 이면에 있는 보다 큰 힘을 바라보지 못하고 냉소적으로 주가가 떨어질 것이라고만 바라보는 얄팍한 비관주의자의 운명보다 더 불쌍하고 끔찍한 것은 없을 것이다.

하지만 업종의 특성상 이 낙관주의는 다른 사업 영역에서 성공을 보장해 주는 것과는 조금 다른 성격이어야 한다. 일반적으로 낙관주의라고 하면 끝까지 희망을 잃지 않는 태도, 공격적인 자신감, 자신이 가는 길에 대한 확신, 목표를 기필코 이루고야 말겠다는 단호한 의지와 실천 등의 요소를 모두 담고 있다.

하지만 주식 시장을 개인의 의지나 희망만으로 움직일 수는 없는 노릇이다. 아무리 신사고적인 방법론으로 무장한다 해도 그것 자체만으로는 주가를 직접적으로 올리거나 내릴 수 없는 것이다.

주식 시장 안에서 투자자 개인은 나무토막에 의지한 채 파도에 이리저리 떠밀려 다니는 사람에 지나지 않는다. 낙관주의자라면 조류와 파도가 이 나무토막을 끊임없이 어디론가 흘려보낸다고 믿지 않고, 스스로 조류를 타고 자신이 목표로 삼고 있는 지점으로 나아갈 수 있다고 믿어야 한다. 어떤 점에서 보면 낙관주의는 의지가 아니라 지성이다. 단호한 의지에 바탕을 둔 낙관주의자라면 구제 불능의 고집불통이 될 수도 있다.

어떤 사업을 하더라도 성공을 거둘 수 있는 덕성으로 열정을 꼽을 수 있다. 그러나 주식 시장은 다르다. 주식 시장에서는 이 열정이 아무 짝에도 쓸모가 없다. 어떤 투자자가 열정에 몸을 맡기는 순간, 그는 이성의 힘을 자신의 믿음이나 기대에 종속시키는 오류를 저지르게 된다.

투자자가 상승장을 이끄는 거대한 큰손이 아닌 한 열정으로는 주식 시장을 자신이 원하는 방향으로 이끌 수 없다. 투자자는 누구나 자기 마음을 맑고 화창한 날의 호수 수면처럼 맑고 잔잔하고 서늘하게 유지하고자 한다. 열정, 공포, 분노, 절망 등의 온갖 감정들은 이성을 흐리는 구름일 뿐이다.

투자자가 고집불통이 되어서는 안 된다는 말은 누구나 인정할 수밖에 없는 명백한 가르침이다. 그렇다고 해서 투자자가 자기 고집을 모두 버려야 한다는 말은 아니다. 바로 이 지점에 어려움이 있다.

한편으로는 새로운 변화가 나타날 때까지 어떤 결정을 끈질기게 밀고 나가야 하지만, 또 다른 한편으로는 나중에야 밝혀지는 것이기는 하지만 잘못된 길로 들어섰을 때는 고집을 부리지 말고 깨끗이 돌아서야 하기 때문이다.

하루 정도 주식 시장에 관한 모든 것들을 깨끗이 잊어버리고 시골에 가서 바람을 쐬는 것이 정신과 마음을 맑게 하는 데 도움이 된다. 이렇게 하면 자기도 모르게 머릿속에 박혀 있는 완고함을 깨닫고 또 그것을 떨쳐 낼 수 있다. 때로는 주식 거래에서 아예 손을 떼고 한동안 주식 시장의 바깥에서 바라보는 것도 필요하다.

한 가지 상황만으로 장세를 판단하지 마라

투자자들이 가장 흔히 저지르는 오류를 꼽으라면 온갖 사람들에게서 쓸데없는 의견들을 수집하는 것이다. 전체 상황을 멀리서 한눈에 바라보지 못하기 때문이다. 주가를 결정하는 여러 가지 요인 가운데 하나에 지나지 않는 특정한 어떤 요인만을 보고 주식 시장에 결정적인 영향을 끼치는 요소라고 확신을 가지는 것도 상황을 전체적으로 바라보지 못하기 때문이다. 그래서 이 투자자는 이 한 가지만을 근거로 삼아서 투자 행동을 결정한다. 물론 그 요인이 핵심적이고 중요한 영향력을 행사하는 것일 수도 있다. 하지만 다른 요인들이 그 요인의 영향력을 상쇄하고도 남는다면 어떻게 할 것인가?

월스트리트에서 투자자들은 날마다 숲은 보지 못하고 나무만 바라보는 이런 의견들을 듣는다. 예를 들어서 한 투자자가 매우 보수적인 사람을 만나서 현재의 주식 시장 상황을 어떻게 보는지 물으면 그 사람은 이렇게 대답한다.

"급진적인 사상이 이렇게 빨리 퍼지다니 정말 놀라지 않을 수 없습니다. 기업이 이익을 내도 사회주의적인 법률 때문에 이익을 모두 환수당한다면 어떻게 기업가들이 자유롭게 사업을 확장할 수 있겠습니까?"

그러면 이 투자자는 부드러운 어조로 예측되는 농산물 생산량은 충분히 많고 은행은 건실하며 기업 활동은 활발하게 이루어진다는 등의 말을 한다. 하지만 이런 말은 그 사람에게 깊은 인상을 남기지 못한다. 그 사람은 자기 주식을 모두 팔아 치웠고 이렇게 해서 생긴 돈을 은행에 예치해 두고 있다. (그 사람은 또 주가 하락을 전망하며 투자하는 사람이지만 이런 말은 하지 않는다.) 그는 대중이 다시 '제정신'으로 돌아온 다음에야 다시 주식을 살 것이다.

이 투자자가 두 번째로 만난 사람은 이렇게 대답한다.

"주가는 절대로 많이 내려가지 않습니다. 현재 예측되는 농산물 수확량이 적지 않잖아요. 농산물은 모든 것의 기본입니다. 엄청난 부가 토지에서 새롭게 창출되어서 전체 경제 부문으로 확산될 상황을 염두에 둔다면, 앞으로 당분간은 경기 전망이 밝다고 할 수밖에 없겠죠."

그러면 이 투자자는 급진주의 사상이 확산되고 있으며 새로 제정된 법률이 불합리하고 물가가 너무 비싸다는 등의 말을 한다. 하지만 그 사람은 이런 문제들은 새로 창출되는 부와 비교하면 상대적으로 중요하지 않다고 말한다. 물론 이 사람은 장기 투자자이다.

이런 말을 가장 조심해라.

"이 상황에서는 이것이 가장 중요한 요인입니다."

시장에서 전개되는 양상으로 볼 때 다른 사람들도 이 말에 동의하지 않는 한 이런 말을 경계해야 한다. 모든 사람은 자기만의 독특한 특성들을 가지고 있다. 이 책을 읽는 독자 역시,

비록 이런 특성들을 선명하게 자각하지 못한다 하더라도 마찬가지다. 하지만 주식 시장은 수많은 사람들이 모인 곳이다. 따라서 상상할 수 있는 모든 특성들이 모여 있는 곳이기도 하다. 어떤 투자자의 눈에 어떤 하나의 요인이 아무리 중요하게 보인다 하더라도, 그 하나의 요인이 다른 모든 요인들과 상관없이 주가의 움직임을 지배하지는 않는다.

온갖 사람들로부터 온갖 잡다한 의견들을 모으는 오류의 극단적인 예를 들자면 육감을 들 수 있다. 육감은 갑자기 투자자의 머리에 떠올라서 이성과 상관없이 투자자로 하여금 본능적으로 추종하게 만드는 어떤 관념이다. 대부분의 경우에 육감은 강력한 충동에 지나지 않는다.

거의 모든 사업가들은 종종 이렇게 말한다.

"이건 해서는 안 된다는 느낌이 듭니다."

"아무튼 나는 그 제안이 마음에 들지 않습니다."

이렇게 말을 하면서도 왜 반대하는지 구체적인 근거를 대지 못한다. 하지만 그렇다고 해서 반평생을 주식 시장에 몸담아 온 사람이 말하는 육감도 아무 가치가 없다는 말은 아니다. 이런 사람이 위의 경우처럼 말할 때는, 상황이 너무도 미묘하고 복잡해서 뭐라고 명쾌하게 정리가 되지 않을 뿐 종합적으로 볼 때 충분히 받아들일 가치가 있다.

다시 말하면, 이런 육감은 경험이 많은 투자자만이 말할 자격이 있다. 초보자가 기술적 분석에 익숙하지 않은 사람이 육감 운운하면 다른 사람들로부터 비웃음만 살 뿐이다.

성공하는 투자자의 심리적 특성

성공한 투자자들도 이제는 점차 자신의 심리적인 특성을 연구하고 어떤 판단을 할 때 습관적으로 저지르는 오류를 감안한다. 예를 들어서 어떤 판단을 할 때 너무 성급하게 결론을 내리는 사람은 시간을 두고 기다리면서 깊이 더 생각하는 방법을 배운다. 즉 결정을 내린 뒤에 이 결정 사항을 곧바로 실천에 옮기지 않고 선반에 올려 두고 숙성될 때까지 기다린다. 정말 확신하다고 생각할 때조차도 전체 결정의 일부만 내리고 나머지는 다음으로 미루는 것이다.

또 자기가 지나치게 조심스러워한다는 사실을 깨달은 투자자는 아직도 마음속에서는 의심의 빛이 완전히 걷히지 않은 상황에서도 어떤 투자 결정을 내리고 실천함으로써 보다 과감해지는 방법을 배운다.

이상과 같이 사례를 들어 독자에게 제시한 제안들이 어느 정도 부정적인 측면들뿐이기는 하지만, 이렇게 할 때 오류를 파악하기가 훨씬 쉽기 때문이다. 하지만 다음에 제시하는 긍정적인 제안의 내용은 투자자에게 유용한 도움이 될 것이다.

1. 마음을 맑게 비우고 균형 잡힌 태도를 유지하라. 이것을 중심 목표로 삼는다.

2. 빠르게 부자가 되었다면, 빠르게 거지가 될 수 있음을 명심하라.

3. 어떤 정보가 겉으로 보기에 매우 매력적이라고 해서 거기에 입각하여 성급하게 행동하지 마라.

4. 걱정하느라 잠을 잘 이룰 수 없을 정도로 무리하게 투자하지 마라.

5. 주가 하락에 대비하여 늘 유동 자금을 확보하는 자세를 가져라.

6. 본인의 판단에 따라 행동하거나, 아니면 전적으로 다른 사람의 판단에만 의지하라. 사공이 많으면 배가 산으로 올라간다.

7. 의심스러울 때는 시장에서 발을 빼라. 발을 뺌으로써 발생하는 제반 관련 비용은 투자해서 입을 손해보다는 적다.

8. 일반 대중의 정서를 파악하려고 애써라. 설령 대중의 정서가 경제적 여건 분석의 결과와 다르다 할지라도, 일반 대중의 정서를 거슬러서는 이익을 낼 수 없다.

9. 투자자 백 명 가운데 99명이 저지르는 가장 큰 실수는 주가가 높을 때 더 올라갈 것이라 생각하고 주가가 낮을 때 더 내려갈 것이라 생각하는 것이다. 자기가 합리적인 최고점이라고 판단하는 수준 이상으로 주가가 올라갈 때는 절대로 따라가지 마라.

10. 주식 투자의 결과는 항상 자신의 책임임을 명심하라. 남을 탓하지 않는 정신적 자세를 가져야 한다.

이상에서 필자가 설명하고 제시한 여러 개념들과 제안들이

현명하지 못한 위험을 피하고 또 건실한 원칙들을 적용해서,
주식 시장의 투기적인 상황을 분석하고자 하는 독자에게 많은
도움이 되기를 바란다.